中华创世神话六讲

田兆元 叶舒宪 钱杭 著

上海图书馆 编

上海交通大学出版社
SHANGHAI JIAO TONG UNIVERSITY PRESS

内容提要

本书是国内著名神话学、民俗学、历史人类学学者田兆元、叶舒宪、钱杭教授所作的六讲创世神话专题讲座的内容结集。本书从浩繁的中华神话谱系中精选出日月、龙凤、女娲、炎黄两帝等流传最广泛的符号元素,从自然、图腾、祖先、圣人等多个切入口讲述了中华创世神话的发展演变,解读中华民族世代传承的文化基因。

图书在版编目(CIP)数据

中华创世神话六讲/田兆元,叶舒宪,钱杭著.—上海:上海交通大学出版社,2018
ISBN 978 - 7 - 313 - 18897 - 7

Ⅰ.①中… Ⅱ.①田…②叶…③钱… Ⅲ.①神话-研究-中国 Ⅳ.①B932.2

中国版本图书馆 CIP 数据核字(2017)第 165811 号

中华创世神话六讲

著　　者：田兆元　叶舒宪　钱　杭
出版发行：上海交通大学出版社　　　　　地　　址：上海市番禺路 951 号
邮政编码：200030　　　　　　　　　　　电　　话：021 - 64071208
出 版 人：谈　毅
印　　制：上海锦佳印刷有限公司　　　　经　　销：全国新华书店
开　　本：880mm×1230mm　1/32　　　印　　张：6.5
字　　数：126 千字
版　　次：2018 年 8 月第 1 版　　　　　印　　次：2018 年 8 月第 1 次印刷
书　　号：ISBN 978 - 7 - 313 - 18897 - 7/I
定　　价：68.00 元

序

2016年的国庆上图推出中国创世神话讲座系列,委托我组织讲座专家,制定具体讲座细目,讲座场次是六次,拟请三位专家。于是,神话学大牌专家叶舒宪先生,社会史专家钱杭先生,加上我一起来担当了讲座的讲师。上图讲坛讲述,上海媒体参与推波助澜,掀起了一个创世神话的小高潮。当时讲座效果之好,是出乎意外的。于是,上图决定将这些讲稿集结成书,通过上图讲坛的负责人员与上海交通大学出版社编辑的辛勤劳动,图书付梓出版了,真是一件辛苦而值得祝贺的事!

在上海这样一个中国现代化程度最高的城市之一,貌似是没有多少创世神话遗存的地方,为什么会出现对中国创世神话的研究与讨论激情呢？我想为此说几句话。

首先，大背景还是上海社会经济的发展带来对于文化的渴求。上海已经迈进了发达经济体的门槛，对于文化的消费需求大幅增加。上海的管理者与民众不希望仅仅通过欣赏舶来品满足自我。市民的文化需求中对于本土文化的需求有显著的提升。举一个例子，十多年前上海民族乐器厂可谓惨淡经营，那时学音乐就是钢琴小提琴，民族乐器很难销售。近年来琵琶古筝等民族乐器的需求旺盛，上海民族乐器厂当然是效益好了，传统乐器的制作水平也不断提高了。经济发展文化发展带来了文化自信，那些简单的初级的文化形式已经不能满足市民文化消费升级的需求。创世神话这一文化内涵丰富，有些陌生却又独具特色的文化形式自然成为文化消费的选择。

其次，上海城市需要自我的文化品格。上海的过往历史不仅仅是殖民文化的大本营，事实上，上海地区有六千年的文明积淀，崧泽文化、福泉山文化、广富林文化、马桥文化次第发掘出来，发现上海古代世界是一片灿烂的天空。这样一小片土地，这样多的古代文明，实在是骄人的。所以上海有资本宣称：上海是龙文化的重要故乡，上海是孔子唯一的南方弟子言偃（子游）为政治理的地方。只有立足于中国大地的文化才有强大的生命力，弘扬创世神话为民族文化培根固元的同时，建立起属于上海城市的文化长城。

最后，上海是中国现代神话学的发祥地之一。中国第一本神话学著作《神话学 ABC》（1928 年）为大夏大学谢六逸先生所撰，在上海出版，茅盾先生的《中国神话研究 ABC》（1929 年）也是在上海撰写和出版,吕思勉和杨宽先生在光华大学的著作为神话研究做出了很大贡献。可见上海有这样的神话学传统的积淀。

所以,上海形成创世神话研究的氛围有其天时地利人和之便,因此也就出现了学界重视创世神话研究,政府支持创世神话研究,民众热爱创世神话故事的局面。

什么是创世神话呢?学者几乎是众口一词:关于宇宙世界的创造、关于人的创造的神话是创世神话,也就是说创世神话包含世界是怎么来的,人是怎么来的两大基本内容。是的,这两大类肯定是创世神话。但创世神话要是只有这么点东西还是有所不足的。我们过去对于创世神话的理解是片面的。为什么这样说呢?世界创造出来了,人创造出来了,假如他们不具备创造物质世界,精神世界和制度世界的能力,那与动物有什么区别?那些发明了取火,发明了衣服,发明了房屋制作,发明了制陶,发明了车船等等的神人故事,同样是创世神话。那些发明了嫁娶制度、礼乐制度、九州制度的神人故事,同样是创世神话。那些发明了音乐文化、孝道文化、信仰文化的神人故事,更是创世神话。没有天地开辟,生灵无所附丽;没有人的诞生,就没有一切;没有器物的发明,人类不会进步;没有制度的创立,社会一盘散沙;没有文化精神的培养,就没有灵魂。所以我们认为,创世神话应该包含以下五大类型:

天地开辟的神话

人类创生的神话

器物发明的神话

制度创立的神话

精神培育的神话

因此,创世神话是人类思维发展到较高程度,社会发展到较高阶段,形成的对于文明发展具有承先启后的意义的神圣叙事。创世神话体现一个民族的文化的统一性、社会的整合性、思维的系统性、伦理的规范性。创世神话具有文明奠基的意义,是民族自我认同的核心的文化符号。同时创世神话具有文明传播力量,是各种文化交流、文化竞争的核心场域。

明确了创世神话类型,我们再来看看,创世神是什么样的构成。我们认为,天地日月的创世神话是根本的创世神话。天地生万物,万物本于天,天地之大德曰生。当我们回归常识,就会发现离开了天地,万物与人类无以为生。日月作为生殖相关的神,其创生人类之功极为重要。在古人的叙事中,人的由来,万物的由来,有丰富的表述。这其中,由上天发展出来的上帝之神,从上古到晚清,一直活跃在祭坛上。就像元旦赠送给西历一样,中国的上帝基本被外来上帝覆盖。上帝是我们需要研究传承的极为重要的中国文化遗产。动物植物之类的图腾神是诞生人类的第二类创世大神,青龙、白虎、朱雀、玄武等都是诞育人类的创世神。第三类是为民奉献的祖先英雄大神,如伏羲女娲、炎帝黄帝、尧舜、鲧禹等。所以创世之神就有这样三个大类:

天地日月的自然创世神

动物植物的图腾创世神

道德英雄的祖先创世神

三者之间有交集，但是中国创世神话是完全不同的三个类型。体现了中国创世神话的鲜明的特点。以创世功能和创世神两种不同的标准对创世神话与创世神灵进行了这样的一种划分，是为了表述更加清晰，也体现我们的思考。

创世神话是一种神圣叙事，同样离不开语言文字的叙事形式，仪式行为的叙事形式和景观物像的叙事形式这样三种叙事形式的范围。中国创世神话是活态的，很大的程度上是依赖民俗传统传承到今天的。不像有的神话仅仅剩下一堆文字。中国创世神话往往有巍巍神宫，亿万朝圣之众，有相关节庆，神奇庄严神圣，世世代代形成了博大的民俗传统。这时我们想起了谢六逸先生之论：神话学就是民俗学，民俗学就是神话学。因此，创世神话的研究，必定离不开语言文字的训诂之法，离不开对民俗行为的田野调查之法，离不开对器物的考古分析之法等。当然，在数字化时代，创世神话的研究离不开对多媒体的关注，对文化创意产业的研究。今天的学术研究，需要传统功力，更需要现代眼光。

我们只是抛砖引玉，希望更多的有识之士一起来研究中国创世神话，传承中国创世神话。中国神话的研究整理传播尚不如希腊罗马神话成功，希望通过努力，让中国创世神话为广大民众接受，为世界各国人民所喜爱。

田兆元

2018.3.18

目 录

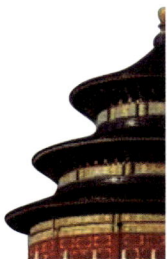

天地日月

——中国自然神话

田兆元[1]

——2016 年 10 月 5 日

　　我们每一个民族都拥有原创神话,神话是文化的源头,是民族历史文化的记忆,是文化之本。神话也是思想的历史,虽然早期文明史并不都在神话里,但神话却可以勾勒出这样一个大致的历史轮廓。中国的自然神话可以算得上是人文之父,许多哲学思想都是从自然神话中生发出来的。我们讲的这个创世神话题目是上海市政府文化管理部门高度重视的课题。在此之前,有几位大学教授为少年儿童出版社写了《中国创世神

---

[1] 田兆元,历史学博士,华东师范大学民俗学教授、博士生导师,华东师范大学社会发展学院副院长,文化部民族民间文艺发展中心华东师范大学区域文化资源与应用研究中心主任,主要从事神话学与民间信仰、民俗学与文化产业研究。现任中国民俗学会常务理事,上海非物质文化遗产保护专家成员。

话》一书,大家觉得给少儿写这本书,动用了几个大学的博导,真是牛刀杀鸡,但是写得好,确实值得一做。后来,相关部门召集画家来创作中国的上古创世神话。复旦大学几位教授一同编写了通俗文本,而我们这里的讲座,是由几位专门从事神话学研究的学者,来和大家交流相关知识。虽然也是通俗的,但是视角会不一样。

一个民族,如果对自己的文化没有自信,发展是会受到制约的,所以我们应该建立对自己文化的自信。过去的中国文化,有一个习惯就是言必称希腊,中国什么都是跟在后面的。希腊文化最突出的成就就是神话,西方文化的源头是希腊神话。为什么大家觉得我们中国神话和西方一比就黯然失色呢?这是一个非常大的问题。大家讲到《荷马史诗》觉得很厉害,但它一开始也没有这么长,是慢慢发展扩大到现在的样子。希腊神话读本是一百多年前德国作家施瓦布整理的,是加工过的。这样看起来,我们的神话实际上比它更加丰富,把先秦秦汉以后的神话算起来,那是更加具有文化深度的。更为关键的是:我们的神话,到现在还是活态的,还在发展,这是中国神话最富有魅力的地方。探寻神话源头,我们一定要当作振兴中国文化、提高民族自信的工程来做。建立文化自信,首先要对中国神话有自信。

这次我们一共有三位专业神话学研究学者来做讲座,一共六讲讲座。

天地日月,属于中国自然神话。我们通常说,你这个人不知道天地日月,主要是讲这个人不知道相关的社会规则、礼仪,

不懂得起码为人的道理,这是民间的俗语。同时我们说一个人滔滔不绝,什么都懂的样子,大家就会讽刺他是"懂天神",这就是说,天地日月的知识你不可能全部都懂,我们永远在探索之中,你怎么能够搞出一副懂天的样子呢?如果一个人侃侃而谈,说天地日月,一般认为这个人是有毛病的。想到这里,我感到十分为难,我要是说自己不懂天地日月也不行,凭什么在这里讲啊?我要是说很了解,那么我也太自以为是了,太傲慢了,不就是"懂天神"吗?今天,我和大家交流,也是带着敬畏之心的。天地日月是中国崇高的文化,我尝试和大家做一些交流。上海这是一个藏龙卧虎的地方,有很多高人,希望能和大家交流,并且得到大家的批评。

我是做民俗学研究的。民俗学研究民族认同和国家认同问题,参与地方经济的发展,参与文化遗产保护。神话是民俗的一种形式,也是建构民俗认同的资源。

古代中国人很少使用神话这个概念。据说明代的时候中国人就使用了这个概念。大约一百多年前,日本人用汉字解读西方神话学的时候,用了"神话"这个词。我们觉得挺好,就使用了,其时间大约是 20 世纪初期前后。据现有材料看,梁启超是最早使用现代神话学的"神话"概念的人。1913 年,蒋观云发表了《神话历史养成之人物》一文,"神话"一词做了文章的标题,然后现代的神话概念在中国传播开了。有人说,我们现在这样重视神话传说,为什么不重视真的历史呢?这个问题很有意思。我们不是不重视真实的历史,而是在重视历史的同时也重视神话,神话与历史都是重要的文化资源。我们现在非常重视文化传统,历史上的想象的神话和真实的历史是价值相等的。神话具有的精神性和理想性,这两者是高于现实的,是引导现实往前走的。

神话是一个国际通用的很重要的话语。我们和动物的区别,过去认为是劳动,现在发现,动物也会劳动。论使用工具,我们渐渐发现别的动物也会使用工具,这是仅仅从获取物质的层面来说的。如果说劳动是物质获得的行为,那么神话就是精神上的东西。人类有了成长,有了飞跃,我们看到现有的世界,会有联想,会产生思维飞跃。看到一个东西会想到另一个东西,这是思维巨大的飞跃。神话想象很丰富,这也是非同凡响的思维产物。

神话是人类永恒的理想和精神家园,与人类始终伴随。过去有个观念,认为神话是原始社会科学水平低造成的,科学水平提高了,神话就消失了。很多人都有这样的说法,我们发明了电报、飞机,有了雷达、互联网,就实现了所谓的千里眼、顺风耳,大家就不相信神话了。科学不断进步这是事实,但是神话产生并不完全是科学的问题,科学也解决不了神话上的问题。上海有一个现代的神话,多数人都清楚,就是南北高架在延安路交汇与延安路柱子上的龙柱。从二十世纪后期开始,到了二十一世纪,大家还在津津有味地讲,讲得神乎其神,说是当时搞工程打桩,在这里打不下去了,最后来了一个法师帮忙才克服打不下去的困难。现在有的工程队,遇到问题,确实会请和尚来做法。搞几千万几个亿的房地产项目,为了顺利不出事,请法师做法,员工看到了会觉得有安全感,这很正常。这也是可

以理解的。南北高架延安路桩基工程可能是打到石板上打不动了，想了很多办法。但是后来，演绎成许多故事。有的人说是玉佛寺的(有人说是龙华寺的)方丈来了，人们把事情告诉了他，他念了几句咒就走了，可是没过几天，法师圆寂了，为什么呢？因为他犯了天规，泄露了天机。这个在今天看来根本不符合事实，但是大家为什么喜欢讲这个问题呢？因为我们有时相信神秘的力量，神秘的力量引发联想。

世界失去神话，人类将会怎样？离开神话人类将会寸步难行，就不会前进了。神话是理想性的，引导我们前进的。神话是中国梦的载体，中国梦从神话开始。前两天放一部关于周总理的电视剧，电视剧里，基辛格来了，要和中国换一些马王堆墓里面的土和液体，他们拿美国到月亮上取回了来的东西换。基辛格认为，中国马王堆时代距今两千年前去世的人，尸体都还保存完好，是了不起的高科技，他要来换这些东西。但是周总理不答应，说两千年前我们就有理想去月球，嫦娥姑娘就去过了。大家知道，如今我们的嫦娥一号真正上天去了，月球车是一个了不起的成就，但是还是不如我们的想象那么好。我们要真正了解月亮，要像嫦娥一样自由，科技还是要迈开大步伐。所以，神话永远走在科学与现实的前面，引导人类一步一步去实现理想。失去了神话，就失去了想象力，失去了民族的理想，民族很难有所创造。

神话是社会生活的反映，更是社会生活本身，是社会的有机构成。南北高架的事情，反映了我们的科技水平还不够，打不进去。这项工程既包括工程本身，还包括我们对工程的评价,成为南北高架工程的组成部分。这个工程,不仅仅是工程队的事情,而是一个系统,物质系统和文化系统,包括神话在内。这个传说的意义在哪里? 就是到现在还在引导我们不要忘记当年的建设者,神话其实还在传播这些英雄的故事。神话是历史的翅膀,是长翅膀的民族精神。没有成为神话的历史,是僵硬的东西。比《三国志》写得好的历史书有很多,但是都不如它让人们这么津津乐道。《三国演义》把历史加入民间文化与神话传说,所以才如此吸引人。比如西南地区原本要用人头进行祭祀,诸葛亮觉得这样不好,就用馒头来代替,所以诸葛亮是馒头的发明者。诸葛亮非常人道,《三国演义》就反映了他的人道精神。大西南是稳定的,多民族的社会是和谐的,其中一个原因是好多民族都说诸葛孔明是自己的祖先,十分崇拜。如果缺少这样的故事,那么民族整合就会有难度。神话是社会的构成部分,夹杂着事实与传言,既反映了社会生活,又构建了社会生活。神话是一种信仰,是净化社会风习、实现社会治理的重要资源。

神话是一种神圣叙事及其结构,是以叙事为核心的神圣话语体系。神话故事一般比较神奇,是人们很难达到的境界。因为很难达到,所以我们会产生一种敬仰和崇拜。这并不是把自己变小了,而是给了人类提升自我的更高的目标。我们的生活比神话的生活要差一些,因此就一直想要达到那种境界。

神话有三种叙事形式,第一是口头讲的,后来写到书上的语言的叙事形式。第二是行为与表演的叙事,如人们去普陀山

敬香,这本身就是在说普陀山的灵验故事。做这件事情,就是行为演绎,行为叙事。第三是景观的叙事,就是图像与物象的神圣表达,如庙宇与神像等。国庆节大家去西湖,有一些景观,例如断桥,立马会想到白娘子和许仙。这就是景观在讲述神话。现在有了数字的神话叙事,也就是网络神话,是新神话与传统神话的网络化。端午节、清明节回不了家,就会有人网上祭祖,这是神话发展到网络时代的一种新的叙事方式。谢六逸先生说,神话学就是民俗学,民俗学就是神话学,很多民俗都是一种神话的叙事呈现,例如端午节屈原托梦,说贡品收不到被鱼吃了,是一种语言的神话形式。大家扔粽子到江里,就是行为叙事了,用行为叙事神话。端午的龙舟比赛,会有屈原的像,还有抛粽子入江,有一系列的活动。语言、行为和景观构建了神话的完整形式。

有的民族说,天安排各类动物和人的寿命,当时人去领寿命的时候去晚了,狗去早了,狗领回来六十岁的寿命,人只领到了七岁的寿命,结果两个都不满意。狗不想活那么长,人也不想活那么短,于是两者商量交换一下。狗提出一个前提,狗说我要在你家里住,你要养我。人同意了,从此人可以活六十岁以上,狗只能活七岁左右。狗和人是很和谐的关系。神话是对生活的解释,也是生活的建构。

下面我们讲天地日月神话的谱系。

天地日月的神话,中国过去从儿童开始,就形成了一个完整的叙事。天地日月神话是一个整体谱系,是以天为核心的构建。同时，它是中国文化的中心问题。《千字文》说：

> 天地玄黄，宇宙洪荒。
> 日月盈仄，辰宿列张。

前不久游泳运动员傅园慧说了句话"我已经用了洪荒之力了"，"洪荒之力"一时成了网络流行语。其实在流传了一两千年的《千字文》中，开头就是描述天地日月状态。《幼学琼林》也一开始就说：

> 混沌初开，乾坤始奠。
> 气之轻清上浮者为天，
> 气之重浊下凝者为地。
> 日月五星，谓之七政；
> 天地与人，谓之三才。
> 日为众阳之宗，月乃太阴之象。

我们看到天地日月是很基础的知识，这个基础知识，是过去儿童都要了解的。

但是这个知识来自先秦以来的国家祭祀体系。我们如何祭天？《礼记》说，"燔柴于泰坛，祭天也；瘗埋于泰折，祭地也；用骍犊。"把柴火在坛上面焚烧，焚烧马、牛之类的祭品，就是祭天；把祭品埋下，给大地享用，这就是祭地。放动物焚烧，烧了之后，有香味出来了，通过香烟与上天交流，上天闻到了，就会

感到人们在祭祀他,他便会赐福给人类。人们想象天神最直接的感觉就是嗅觉交流。过去祭祀,有的是一碗血放在那里,新鲜的,有腥气,人们在茹毛饮血的时候,觉得这是最新鲜的东西。大家还觉得触觉可以传递信息,比如人们向乌龟祈福,就摸摸龟的头,认为一辈子不用愁;摸摸神的腔,认为一辈子不生病。所以有一些地方的乌龟头被摸得光滑得不得了。嗅觉和触觉都可以交流。还有视觉交流,人们有的时候,给神献舞,认为神可以看得见。还有听觉交流,你要在神面前颂诗,神就知道了。重要的是物质的交流,这就是祭品供奉,牛羊等肉食,也有素食,鲜花,甚至宝玉等等,总之是很好的东西,要献给神,虔诚的信徒甚至要把自己的孩子杀了给神,这当然很极端。更重要的是,人与神要心灵交流,要诚心。因此,嗅觉交流、触觉交流、视觉交流、听觉交流,物质交流,再加心灵交流。人对神的祭祀,是全方位的交流。

所以,祭地一般用好的祭品埋在那里,这是给大地收获的感觉。

上古时期,王宫祭日,这是一个祭坛上的祭祀;夜明祭月。这是帝王天子的祭祀活动。《礼记·经解》说:"天子者,与天地参,故德配天地,兼利万物;与日月并明,明照四海而不遗微小。"这意思本身不是说要你在天地那儿得到好处,而是要你配得上天地的德行才行。过去我们批评天命论,一方面这里面确实存在着问题,但是我们千万不要忽略天地日月信仰,就是帝王、王族都要学习天地之德。天地自然,风雨雷电,让大地万物生长,很有德性。天子也要这样,要政治清明,要公平,要像太阳月亮一样，普照所有人。不仅仅是为了权贵集团，而是为了所有大众，一切生灵。《礼记》是上古的经典，说天地日月，连顺序都没有差错。天地日月四个对象，是四个学习的榜样。

天到底是什么？我们吃不准，很长时间，就是抽象的。基督教、佛教都有神像，伊斯兰教是没有像的，我们传统的天神有没有像呢？起初天是迷茫的难以把握的，但是觉得日月可以代表形象。"郊之祭，大报天而主日，配以月。"祭祀日月之配来表示祭祀上天。"祭日于坛，祭月于坎，以别幽明，以制上下。祭日于东，祭月于西，以别外内，以端其位。"这是在建立秩序，建构时空。

帝王学习天地精神、天地之德，接着是要通过日月理解社会秩序。社会秩序是从天地日月秩序学习来的，从天地日月规则中，寻找人类社会的规则。"日出于东，月生于西，阴阳长短，终始相巡，以致天下之和。"和谐社会，怎么和谐？天地秩序十分和谐，我们可以从中寻找规律。《礼记》非常重要，是社会规则之书，更是神话之书。天地日月是一个完整的谱系，是帝王用以向天地学习，构建社会秩序的谱系。这份中国神话资源，过去存在着要不要和老百姓分享的问题，怎么样从帝王垄断，变成全民信仰的问题。历史上，天的祭祀很难与民众分享。地的祭祀组建地方化，甚至家庭化。太阳起初应该存在着全民信仰，但是后来主要为帝王独占，民众难以参与。月亮是帝王的信仰，并且是皇后的象征。但是月亮神话，在民间比较发达。所以天地日月分为两类，天日一类，帝王为主；地月一类，民间

可以分享。

天地日月神话导致了社会秩序的建构。"天高地下，万物散殊，而礼制行矣。"过去我们要批判等级主义，但是理论上我们精神上是平等的，权利上是平等的，但是能力大小不一，条件不一，事实上就存在着等级。比如经济上的等级，权力上的等级，等等。社会没有等级，很难有动力。关键是这种等级通过一定条件和努力是不是可以改变的。中国历史不间断发展，其实很重要的东西就是阶层等级制度。高岸为谷，深谷为陵，阶层常常发生变化。这有制度上的政治上的原因，也存在着自我努力可以改变命运的机会。

《礼记》讲"流而不息，合同而化，而乐兴焉。"天地高低就像音乐，这很有道理。"春作夏长，仁也。秋敛冬藏，义也。"自然秩序强调不同德性，这也是很重要的智慧。中国文化强调天人合一，就是从这里学习来的。"乐者敦和，率神而从天；礼者别宜，居鬼而从地。"音乐遵从天的秩序，大地差异性是要制定礼仪，礼乐在这里产生了区别。"故圣人作乐以应天，制礼以配地。礼乐明备，天地官矣。"礼乐区分出了人的位置。"天尊地卑，君臣定矣。卑高已陈，贵贱位矣。"后面还有男尊女卑，尊是高的意思，卑是低的意思，原本是没有区别的，只是位置的不同。"地气上齐，天气下降，阴阳相摩，天地相荡，鼓之以雷霆，奋之以风雨，动之以四时，暖之以日月，而百化兴焉。如此，则乐者天地之和也。"这个秩序感，是非常重要的，中国发展与秩序感有关，秩序感就是差异的自然性呈现。

　　天在哪里？天是一个抽象的存在，抽象的存在实际上是有优越性的，其发展空间不会受到限制。中国的天作为最高的主宰，定位无所不在，就在身边。"人在做，天在看"，如果真的有这回事，会让我们的行为受到限制。虽然无所不在，人们感觉圆形比较符合天的形象，于是便有了天的可感的符号：圆。

　　五千年前祭天的地方，山高处烧火焚牲用以祭天（见图1）。我们就知道，天是圆的。这个观念长期传承，一直到明清，一直到今天。

图1　红山文化祭坛

　　明清的天坛，体现天的信仰的与远古文化一脉相承：天坛的形状那样的圆。圆是天的标准符号。可惜由于民间不能祭祀上天，对这个圆的符号不是那么有信仰。圆天观念主要流行

在帝王圈（见图2）。

天除了整体一个圆形，就是一个平面吗？不是的，天有九重，是一个立体的存在，高低错落的存在。屈原说，天有九重，谁创造出来的？这是屈原之问，说明在战国的时候，这个天有九重的神话已经流传了。

神话传说中，天是八根柱子撑着的，柱子在哪里？屈原搞不清楚，要问。但是这是神话，理论上是不存在的。当时行走条件有限，不可能到处去考察。可是在中国真有很多的叫天柱山的地方，如安徽天柱山，湖北长阳天柱山，山西有天柱山，福建有天柱山，山东有天柱山，甘肃有天柱山，真的差不多天有八柱啊！这些天柱山，很多都与古代天柱神话观念，也与共工怒触不周山导致天柱折断神话有关，更与女娲断鳌足重新树立天柱有关。

那么地是怎么安放的呢？中国古代神话说，是用绳子系在天上某处的。这个说法强调了天地的依存关系。天被地上的柱子撑着，所以掉不下来，地在天上吊着，所以稳固了。从理性的角度看那是经不起推敲的，可是天地一体的观念，在这种神话中就体现得十分充分。天在上地在下，成为一种等级社会秩序的依据，天命论也因此长期统治着人们的精神生活。

可是这样的秩序被一个叫共工的神破坏了。古神话说，共工是要与颛顼争夺帝位，输掉了发脾气，把头往不周山一撞，天柱折断了，天就倾斜到西北了，这是不是西北离天更近一些呢？所以日月星辰都往西北去。这一撞击，还有一个后果，就是那

图 2　北京天坛

系着地的绳子也断了,主要是东边的绳子断了,东边的地就下陷,水就流到东南去了。作为一种解释性的神话,这个天地神话解释了中原中心可以观察到的地理自然现象,水往东流。日月星辰东起西落则是普遍的自然规律。当然这也是潜在的地理政治的神话,古代中国社会,西北地区存在一种政治上的地缘优势。

天的神话非常丰富。天地日月有一个完整的叙事话语,是可以整理的。现在,我们对宇宙的解释,还认为当年确实有一个大爆炸,炸成现在这个样子,这是不是科学的?谁知道呢?科学迄今为止,还是处于假设当中。现在的物理学也在讨论这个问题。但是请不要忽视神话对于天地的观念。

东南地区。上海地区是古文明的发祥地之一,参与了天地神话的叙事,"苍璧礼天,黄琮礼地",良渚文化天神的形象有了具体的符号,不再仅仅是一个圆圈。六千年前,天神可能是这个样子的,戴一副眼镜一样的(见图3)。上海福泉山山顶发现

图3 良渚天神像

了焚烧的痕迹,有些人认为是祭天的。良渚文化祭天的玉琮玉璧,在上海的考古文化中都有发现,说明我们这块地区对于天地文化有着共同的神话叙事。

中国的天还有什么样的称呼呢? 这就是"上帝"。中国的上帝与天是一体的。《礼记·王制》说,"天子将出,类乎上帝,宜乎社,造乎祢。"祭祀上帝,天就是上帝。这是我们今天要说的最凝重的问题,影响中国五千年的上帝哪里去了?

《礼记·月令》:"天子乃以元日祈谷于上帝。"元日祭祀上帝,就是新年第一天祭祀上帝,或者说元旦祭祀上帝。元旦是新年的第一天,夏商周各有不同。夏正建寅,殷正建丑,周正建子,合称三正。夏历就是现在的正月初一,殷历是十二月初一,周历是十一月初一。总之是各朝的新年初一元旦祭祀上帝。

帝王祭祀的时候,服装象征上天,《礼记·郊特牲》:"祭之日,王被衮以象天;旗十有二旒,龙章而设日月,以象天也。万物本乎天,人本乎祖,此所以配上帝也。"天的符号象征来祭祀上帝,二者就是一体化的,所以也称昊天上帝。后来《通典·礼典》说:"所谓昊天上帝者,盖元气广大则称昊天,远视苍苍即称苍天,人之所尊,莫过于帝,讬之于天,故称上帝。"这里将上帝与天的关系阐述得再明白不过。

"万物本乎天",这是一个根本的创世神话命题,即所有一切是上天创造的,是上帝创造的。所以祭天就是报本。我们过去对于创世神话的研究,忽视这一问题,是应该纠正的。天和祖先相配来祭祀上帝。祭祀天,就是祭祀上帝。中国上帝是明明白白的存在,如《诗经》中有"文王在上,于昭于天。周虽旧邦，其命维新。有周不显，帝命不时。文王陟降，在帝左右。"文王去世了，到上帝那里去了，天最高的就是上帝。

从先秦到清代，就是"大祀十有三：正月上辛祈谷，孟夏常雩，冬至圜丘，皆祭昊天上帝；夏至方泽祭皇地祇；中祀十有二：春分朝日，秋分夕月"。基督教传过来的时候，起初翻译其主宰为"天主"，利玛窦最后拿"上帝"翻译了它的 God 一词。清王朝推翻之后，上帝也被推翻了，我们变成了一个没有上帝的国家，五千年的上帝，一下子扫地而尽。

元旦是中国最好的日子，我们送给了西历；上帝之名送给了另外一个宗教。中国自己的上帝没有了，这是非常重要的事情。我们翻翻二十四史，没有一个王朝中断过祭祀上天上帝的。历朝历代帝王登基有一个前提，就是向上帝致敬。中国的上天神话和上帝神话与祭祀礼仪和元旦节庆密切相关，与自然与宇宙知识密切相关。所以要申报非物质文化遗产，加以传承保护。

我们再讲地的神话。

《礼记》说："社所以神地之道也。地载万物，天垂象。取财于地，取法于天，是以尊天而亲地也，故教民美报焉。"这和天一样，通过社神崇拜，报答大地的养育之恩，尊天亲地，对于大地的创世育民恩德予以报偿。地载万物，没有地，天的创造无所附丽。所以叫天生地养，缺一不可。因此，地神即社神是重要的创世神。

天是阳，地是阴，大家觉得阴气重不好，但是只有阳气，没

有阴气也不好。所以"天子大社必受霜露风雨,以达天地之气也。"社坛一定是在外面,不能有盖盖住的。"是故丧国之社屋之,不受天阳也。"这是要把人家的社神盖住得不到天地之气。敌人的社也是有灵气的,大家不敢乱动。原来人们是认为,地上只有一个社,就是夏代的社。商代就是在夏代的社坛上面举行登基仪式的。有人要迁掉夏社,搞个新的。但是成汤不答应,专门写了一篇文章叫《夏社》,意思是讲夏社不能迁掉,殷社和夏社是一个社。武王伐纣后举行了一个仪式,《史记》记载非常清楚,就是在打扫商代的社坛,向上天报告,取代了商人,替天行道了。其实还是夏社。夏商是传承,周其实是革命,它登基的时候,用的是商代的社,过了一段时间,就搞了一个自己的社。商代的社,他们不敢动的,但是他们在上面造了一个棚子,盖住了上面,地要有阳气,才能是活的,盖住了就不受阳了,只是象征性的存在。

国家重视土地占有,普天之下莫非王土,重视社祀。国家有大社。"王为群姓立社,曰大社。王自为立社,曰王社。诸侯为百姓立社,曰国社。诸侯自立社,曰侯社。大夫以下,成群立社曰置社。庶士、庶人立一祀,或立户,或立灶。"这和土地占有是有关系的。后来土地开始私有化,土地神便遍地开花(见图4)。

社神是谁?是共工的一个儿子,叫后土,也就是勾龙。经过很多人的研究,认为他是大禹(见图5)。大禹就是第一代社神,地位非常崇高。但是社神存在着从国家向民间渗透的一面。土地爷土地奶奶后来由更多的乡贤和地方神灵担任了,比

图 4　民间土地神位

如蒋子文。福德正神在南部、西部可以找到,但是在上海很难找到了,为什么?上海土地国有制,你也许有房产证,但是你也感觉不到你的土地在哪里。住在高楼上,院里土地,土地淡出

图 5　社神大禹

了我们的视野。土地神的信仰和土地占有权有直接关系,澳门那边每家门口都有这样的祭祀。有一次去澳门,到处都是门前土地财神,我就想看看他们六楼有没有,便进了一幢楼,发现不管几楼,他们门前都有土地财神,还有电子灯,晚上是亮的。其他神庙前面要先有一个土地神,神在土地上要立庙,先要敬奉土地神。所以土地神有超越的意

义。我觉得应该对土地有信仰,享受土地的财富,现在房价这么高,这样的钱财,都是从土地来的。

下面讲日的神话。太阳神话在中国影响很大。太阳神是一只鸟。七千年前河姆渡的双凤朝阳,表达了这样的意蕴。三千多年前的成都金沙遗址的太阳神,我们选择中国文化遗产标志的时候,选择了它。这个是金箔,而且有四只鸟,代表着四季。现在没有一个标志设计可以超过它。这里有十二个圈,也就是十二个月,日月季节对自然的崇尚,这是最有代表性的太阳崇拜(见图6)。

图6 四鸟绕日图案

中国神话的太阳里有一只三足鸟,这是汉画中的三足鸟。三只脚是怎么产生的?可能主要是稳定性。如果要放一些水来温酒,两只脚就会垮掉。物品往后传,很多容器都是三个脚的,如青铜器和陶器,两只脚是放不稳的,这是最简单的解释

（见图7）。有人说，还有一只脚是男性的生殖器，这样也有点道理。神圣的叙事和日常的关联，现在我们说粗话，最粗俗的表达性行为也就是这个词：日！很难听，但是也很神圣。如果放在人类繁衍，这其实是没什么问题。这其实是关于人类繁衍的神圣东西，有一项民俗是祈子，但是后来计划生育祈子习俗衰弱了。现在生育成了很严重的问题，老龄化到来，很多地方都在恢复祈子风俗。日的叙事关乎生育，所以太阳神话也是关于创世生人的重要神话。

图7　三足鸟

　　"郊之祭，大报天而主日"，这是周代的话语，与天神崇拜意义，日神崇拜也一直延续到清代到现代。清代的日坛，现在人们还在日坛中举行仪式，所以对太阳的崇拜，还在延续（见图8）。

　　我觉得，过去崇拜太阳，其目的明明白白，就是希望能被阳光照耀，得到温暖。《礼记·经解》说："天子者，与天地参，故德配天地，兼利万物；与日月并明，明照四海而不遗微小。"要以德

图8　清代日坛

配天地,兼利万物为目的。天地般的德行,要求可谓很高,兼利
万物,不是兼善天下吗?明照四海,不就是政治清明公平吗?
不遗微小不就是关心弱者吗?所以古代的太阳崇拜与太阳神
话是一种取法日月之德的执政理想,毫无疑问是我们需要继承
的优秀传统。

　　太阳具有神圣感,月亮也有。人们尊崇月亮,因为它是美

的象征。月亮的神话很有意思,月亮里面首先有蟾蜍。最近有
人讲,这个蟾蜍是嫦娥,人身蛇尾。蟾蜍,龙蛇,月亮,三者是一
体化的(见图9)。

图9 汉画像石嫦娥奔月

　　日月神话是不能分开叙事的,二者是一个整体。日是金
乌,月是蟾蜍。过去蛙和鸟是一对联盟的各自的图腾,如影随
形一起运动的。如果后来不是龙的发展,我们就是蛙的传人,
鸟的传人。大禹以来,龙的形象逐渐为中国人广泛认同,成了
核心的创世神话。四灵之左青龙、右白虎、前朱雀、后玄武,这
是很多元的,但是龙的信仰提升了。月亮本来与蛙崇拜相关,
但身上长出了龙的形状了。龙,日月,蛙鸟,奇妙地融合在一
起了。

　　一个是太阳崇拜,一个是月亮崇拜,与伏羲和女娲的崇拜
结合了。伏羲关联太阳,女娲关联月亮,他们的结合,一个拿着

太阳,一个拿着月亮,尾巴龙形交织在一起,变成了龙的传人,这是巨大的文化整合。周秦汉完成了这个过程,这是有意义的大事。汉代图像,唐代图像生动呈现,伏羲和女娲非常亲密,一个拿着太阳,一个拿着月亮,下面是蛇(见图10)。

图 10　汉代画像石,唐代绘画　伏羲女娲

　　怎么变成三个呢?这是文化的整合与认同问题。各族人民认同日月神话,认同龙的传人,体现出中华文化的整体性、自觉性,选择伏羲女娲,日月鸟蛙作为共同的文化符号,这种认同还在持续进行中,但是其发生古老,时间久远,辐射面广。统一共同的符号是中华民族的荣耀。唐代新疆地区的图画,伏羲长着胡人的胡子,多民族区域对龙的认同度很高,这不是一般的图像,而是文化认同的问题,认同多元的文化。

　　月亮的神话在民间以中秋祭月的形式传承。如我们华东师范大学的同学现在参加中秋祭月，还有外国朋友一起参与（见图 11）。祭月的活动，男同学没有参加，在旁边做后勤服务，因为过去规定：男不祭月。当然现在也有男人向月亮烧香的。我们希望来年，要么是秋分，要么是中秋，用月饼、西瓜、花生来祭月，祈求家庭幸福，祈求和平发展。

图 11　华东师范大学中秋祭月

　　下面我要讲讲嫦娥的故事，大家都知道，她把丈夫好不容易弄来的不死药偷走了。故事里面还传说，她和师傅的徒弟有点问题。总之是有问题的女性。中国人心胸开阔，选择原谅。她偷了药，奔月，还诗情画意，给她画了很美的画像（见图 12）。这体现了中国文化的博大胸怀。月亮的神话提倡忠诚，又提倡包容。通过包容构建社会和谐。中秋节，提供了宽容的机会，提供给大家心胸开阔，正确认识人际关系的机会。在上博，我讲过几次中秋节是女性的节日，七夕节也是，是把男性排除在外的，男不祭月，体现出传统社会当中，有时候女性地位实际比较高，垄断了一种文化资源。在上海，很多人家庭都是女性管家的，事实上反映出女性的主导力量。

图 12　嫦娥奔月

　　天地日月神话是创世与生人的神话的升华，我们将其置于中国创世神话之首，一是这些神话在创世神话中的地位极其重要，也体现了中国创世神话的独特属性。天地日月都是世界与人的创生者，关于天地日月的神话应该逐渐为广大民众分享。

　　天地日月神话存在官方与民间的博弈。天神一直是帝王的，民间不太能祭天。但是人们在困难的时候会说："我的天啊！"这其实是在求上天。如同国外说："我的上帝呀！"是在呼唤他的救世主。一直到天的化身玉皇大帝出现，原来是两股势力，宋代皇帝将它们合二为一了。但是后来又拆开，一直延续到了清代，官方民间有分有合地发展。现在玉皇大帝、玄天上帝还在民间延续。这也是中国上帝的民间传承。我们提倡应该复兴天地祭祀和上帝信仰，这样上帝信仰才会传承。大地的博弈，是从汉代开始一直到当下。对土地神的信仰，是最有感恩意义的,也是非常伟大的文化遗产。

　　天地日月是一宗巨大的文化遗产,亟待保护传承。敬畏自然,尊崇自然的秩序,和谐、美丽、宽容、认同。我们对月亮的崇拜,实际上是对美的信赖。天地日月这样的遗产十分厚重,具有全民性认同,具备世界文化交流的基本前提。任何一个人,任何一民族,都会面对天地日月。天地日月,这四者具有全世界交流的可能性。应当将天地日月神话纳入中国非物质文化遗产的范畴加以保护,希望每个人都是天地日月神话精神的承载者和传承者!

造人创物
——中国创始神话

田兆元

——2016 年 10 月 6 日

西方人说，人是上帝造的，而中国人则说，人是泥巴做的。西方神话说，人有原罪，只要有了信仰，就可以赎罪，而中国神话又说，人是有等级的，应该乐天知命，人定胜天。究竟谁对谁错呢？中国造人神话应该如何解读呢？

上一讲讲的是天地日月，是非常重要的创世神话，是中国文化的根本问题，与现实密切相关。有一些故事案例触动了大家非常关注的现实问题，所以大家感到神话就在我们生活中。

这一讲要讲的是造人创物的内容，好像很好玩，又很严肃。万事万物是怎么来的？人是怎么来的？关于这些神话叙事，我期待和大家交流心得。

神话是关于自然与社会的哲学的叙事，是一种神圣叙事，其最基本的特性，是解释自然与社会现象的发生的前因后果。所以中外很多的学者写了一些神话哲学方面的书。这些解释和观念来自社会实践，不是凭空杜撰的，因此，神话是社会生活的反映，神话世界往往是现实世界的投影，当然这种投影可能有两种形式，一是与现实一致的表达；一是生活的反动，神话世界是与现实完全不同的存在。这两种形式都来自社会生活，前者是现实的颂歌，后者是理想的颂歌，是对现实不满的真实情绪的流露。所以这两种对现实的解释都是真实的情感流露。这两种解释的发生都有自己的逻辑，绝不是无中生有的。

神话又是社会生活与文化的构成，是社会生活的一部分，参与社会生活的运转。也就是说，那些神话叙事，不是镜子那样，是一个平板的记录本，而是这些叙事影响社会生活，成为社会生活的一部分。社会生活是一种制度行为构成，以及对这种行为制度的维护或反动的叙事。所以社会生活有两部分：行为的和文化的。神话就是这种社会文化的重要部分，它是建立或摧毁某种既存秩序的神秘舆论。我从哪里来？我到哪里去？我是谁？这是大家在中小学就接触过的问题。世界是怎么构成的，谁创造的？这样一个神话话语，与某种社会秩序是息息相关的。

创始神话是创造者的颂歌。在我们倡导全民创新全民创业的今天，格外有意义。创意、创业，创世神话就在弘扬这种精神，人们早早地就为创造者唱赞歌。诺贝尔奖揭晓的时候，大家都大唱赞歌，虽然科学研究不是为了拿奖，但以是否获得诺

贝尔奖为标准,在一定程度上可以体现科研水准。李约瑟在《中国科学技术史》里面讲到,资本主义在现代大工业之前,中国已经创造了相当多的发明,领先世界。我们近代有所落后,人们一直追问为什么我们没有产生现代科技?我想先进的技术不能样样都是我们创造的,世界上这么多人,大家都要有贡献。人类是相互学习的,人家先进我们就学习。但不能我们这么庞大的科研机构,不能没有创新创造的贡献。我们也不要妄自菲薄,我们的科学家其实也很努力,有很多的创新成果。创世神话讲述的都是创造故事,也是在为创新大环境助力,有这样的文化环境,中国科技与经济再度领先世界很有希望。

昨天和大家讲到神话是长了翅膀的文化精神,具有想象力和传播力,与历史叙事不一样,神话始终走在现实前面,超越历史。我们过去有些轻视这些东西,觉得它是假的,持这样的一种态度来对待神话就会有误解,大家就会对这种富有想象力的叙事产生排斥心理,这样我们就会犯错误。神话的重要性到了非常需要讲述的时刻了,排斥神话会影响我们的创造精神。神话记录了过往的精神世界,还将对未来产生很大的推进。

昨天我们讲到了,神话是建立和摧毁某种秩序的神秘舆论。举例说,东汉末年,大家知道有一个神秘舆论传播:苍天已死,黄天当立,岁在甲子,天下大吉!这样的舆论在现在就是政治谣言。前面先放出舆论,后面伴随着武装斗争,整个社会现存的秩序就会动摇,其实这是一个现世的神话。东汉文化就在这样的神话和武装斗争双重打击下风雨飘摇。神话叙述的虽然是神秘的非现实事件,但是有时企图影响现实。叙述形式是靠嘴上讲的书上写的形式，行为表演的形式，还有庙堂神灵雕塑画像的形式，它是一个叙事体系。

神话的属性是一种解释，是一种哲学思维。神话创造者和解说者，都是哲人和思想家。昨天，我们讲到了天的神话，也就是上帝信仰、秩序构建、自然敬畏。这都是哲学问题和社会问题。过去很多的神话学家就是哲学家，可是现在，哲学家研究神话的很少，哲学应当有思维的飞跃，但是目前哲学家对神话不是很感兴趣。马克思、恩格斯对神话的解释是人类童年的叙述，既有关于自然的神话叙述，也有关于希腊神话的讨论。恩格斯讨论社会神话，讨论希腊悲剧里面女神的地位衰败了，因为母系社会崩溃了，男权社会到来了。他一针见血指出社会地位变迁了神话世界也会变化。马克思、恩格斯也是杰出的神话学家（见图1）。

图1　从左到右：马克思、恩格斯

弗洛伊德潜意识学说是最有影响的,他认为人的潜意识天生有两种倾向,一个是暴力倾向,另一个是性的倾向,这两种力量平时被压抑着。他提出一个俄狄浦斯情结的概念。拿希腊悲剧俄狄浦斯说事。俄狄浦斯一生下来就有人预言,说这个孩子以后会弑父娶母,大家很害怕,决定把他扔掉。结果被扔掉后被邻国的人捡走了。他渐渐长大了,不小心和一个年纪比较大的国王发生了冲突,就把他杀死了,他不知道,这其实就是他的父亲。这个小伙很英俊,也很有智慧,大家就拥戴他做了国王。过去有一些风俗,继承国王,同时也要继承王后,王后便成了他的妻子。冥冥当中,弑父娶母就成了实现,这就是命运悲剧。弗洛伊德认为这就是人的潜意识有这样的想法。这位哲学家从希腊神话中建立了自己的话语系统。

法国的列维·施特劳斯是位结构主义大师,他发现神话学二元对立模式。比如说,缺失与满足。我们分析中国的牛郎织女,牛郎是光棍一个,织女下凡了,在那儿洗澡,他想要一个媳妇。老牛告诉他,你把中间一件漂亮的衣服拿着藏起来,他就这样做了。结果,织女走不了了,就成为他的媳妇。这个故事有很多解读模式,如果按照列维·施特劳斯的解说,那么就是缺失,牛郎缺失一个老婆,他现在的动作就是满足,要通过控制织女,然后满足自己的需要。这个故事还可以抽象理解为:禁忌与违背禁忌。老牛告诉牛郎要把织女的衣服藏好,不能给她,不然她就跑走了。故事有这样的禁忌,结果牛郎没有藏好,织女得到了衣服,一穿衣服就跑了。牛郎织女有许多版本,现在语文课本的版本是叶圣陶先生改的。这只是众多传说中的一个,更多的版本是媳妇不愿意在这里呆,家里十分穷,但是她跑不了,没有能飞的衣服。所以,她想办法让女儿去问,女儿知道了衣服在柴垛子底下,她就告诉妈妈,妈妈就穿了衣服,飞走了。这非常符合过去真正的婚姻事实。牛郎怎么能够得到天仙呢? 他是得不到的,这很真实。故事里面有一个禁忌,你不能违背这个禁忌。结果他没有藏好,就承担了后果,就非常结构化。这是二元对立的模式。所以,他成了结构主义大师,我们看这种解释也是比较简单的,但是西方学界都认为他是非常了不起的大思想家。无论他是大师还是一般学者,他的学说从神话研究中成长,这是事实(见图2)。

图2 从左到右:弗洛伊德、列维-施特劳斯

创始神话是创造者的颂歌,我们从民俗学的观点可以理解创世神话的发生缘起。民俗是生活的华彩乐章,是文化精英开创引领,民众参与、认同、共建的世世代代流传的传统文化精

华。民俗不是普通日常生活，不是下里巴人，甚至可以说民俗是阳春白雪，是提升日常生活境界的东西。创世神话讲述的都是英雄的故事，开创者的故事，那当然是精英故事。所以我们说民俗是精英开创的，而民众讲述认同甚至崇拜这些英雄，也就是民众共同创建民俗了。

创始神话指那些关于人类与世界最初创造者的叙事，都是英雄的史诗与神圣的叙事。民俗在一定程度上就是神话的行为表述，神话要通过行为来表达，和神灵互动，和祖先互动，这样神话才会活在我们的生活中。神话怎么才能活态传世呢？除了口头讲述，神话英雄被立庙祭祀，被设立节日纪念是非常重要的两件事。

中国神话有一个原则，规定了哪些人可以祭祀，《礼记》讲得很清楚："法施于民则祀之，以死勤事则祀之，以劳定国则祀之，能御大菑则祀之，能捍大患则祀之。"为了国家做了很多好事，给百姓带来福利的人，还有尽忠职守的人，比如说大禹是三过家门而不入的英雄（见图3）。那些拯救大灾难的英雄，也需要祭祀。"是故厉山氏之有天下也，其子曰农，能殖百谷；夏之衰也，周弃继之，故祀以为稷。"农神贡献大，所以要祭祀。"共工氏之霸九有也，其子曰后土，能平九土，故祀以为社。"社神功业大，也要祭祀。二神就是后来国家江山的代名词：社稷。"及夫日月星辰，民所瞻仰也；山林川谷丘陵，民所取材用也。"对老百姓一定要有功、有用才能祭祀。因此，神灵祭祀本身是一个感恩体系。创世神话的讲述也是对创造者的感恩和回报。

我们从哪儿来？达尔文的进化论认为，人是从猿猴变来

图 3　大禹治水

的，是性选择的结果。猿猴的世界，母猴子有选择权，选了身体
健壮的猿猴交配，生下来的孩子很健康，这样，一代代优化。比
较差的，既没有交配权，也没有生育权，就淘汰了，优胜劣汰。
但是人们发现，母猴子也会选择看上去并不好的猿猴。比如有
的公猴子虽然身体不太好，但是他会献殷勤，未来一代的体质
也不会很好，但他的脑子会比较好。可是这不能确定猿猴最终
会变成人。但是我们看到，猴王战胜了对手，体力智力都是不
差的，保证了种群的发展。

　　恩格斯说，从猿猴到人，就是靠劳动。手在劳动中灵巧了，
大脑也灵巧了，身体站起来了，逐渐演化成了人。我们到底从
哪里来的，到现在其实还是不清楚。为什么猴子变成我们了，

现在的猴子不变呢？可见，科学对人的由来还不能很好地解释。

西方的神话的解释，是神创万物。《圣经》的解释："起初神创造天地。地是空虚混沌、渊面黑暗、神的灵运行在水面上。神说，要有光、就有了光。"然后，到了最后一天，他造了人，还要造蔬菜果子给他吃。亚当住在伊甸园，有黄金玛瑙，潺潺流水，非常好。他觉得亚当一个人，太寂寞了，就造了夏娃，是一个女的。"这是我骨中的骨、肉中的肉，可以称她为女人，因为她是从男人身上取出来的。"其实男人应该从女人身上生下来才对。我们就发现，这个创世纪是有价值导向的。赤身裸体，不知羞耻，这是很重要的观念。神告诉他们，不可以吃树上的禁果，否则，你就知道了善恶，你就有了智慧。蛇就来引诱他们，他们吃了苹果之后，就立刻有了羞耻感了，就穿了衣服。上帝看到了，惩罚他们，把他们逐出了伊甸园。

在座各位有基督教信徒，可能认为这不是神话，而是真实存在的，这是可以理解的。但是神话研究者认为这是神圣的叙事，是不同的神话叙事当中的一种。人和万物是神一人造的，不是合作的，所以是一神教。你不能知道善恶、智慧，这个逻辑很奇怪，但是你现在知道善恶、智慧，那就犯罪了，这个怎么说呢？我们先不探讨这个信仰与文化的逻辑，而是发现这是一个神话和故事中的禁忌母题：违反禁忌你要承担一个后果，这个是很简单的故事类型，但是带来与他者不一样的人文格调。这个文化圈的人，信仰基督教，这就是你的本分，因为你本来就是有罪的。人的创生故事，是关于特定文化格局的最初规定。

中国神话中女娲造人的故事，在《楚辞》时代就有流传了。屈原很奇怪，女娲创造了人的身体，可是女娲自己的身体，是谁造出来的呢？当然神话是禁不起这样的追问的，因为它与信仰有关，不在乎叙事是否合乎现实逻辑。

汉代文献《风俗通义》写道："俗说：天地开辟，未有人民。女娲抟黄土作人。务剧力不暇供。乃引绳于泥中，举以为人。故富贵者黄土人也，贫贱者，引绳人也。"这个故事说，女娲造了两种人，一种人是花功夫做出来的，另一种人是以简单方式造出来的，这两种人的命运就不一样了。这个造人的故事，是社会等级的故事，我们的社会，有的人富贵，有的人贫穷，这个就是有点天命论。有人说，这个是统治阶级造出来的故事，希望大家安于现状，因为富贵贫穷，早就规定好了。这是社会秩序的叙事，神话是既存状态的依据（见图4、图5）。

图4 女娲造人

图 5　河南周口西华造人殿

　　但是我们也发现，这很有可能是贫贱者自己说的，因为种种原因贫贱者无法改变自己的命运，只好认命，认为自己是泥巴抖出来的，自己天生是贫寒的阶层，女娲造我们的时候就没有给我们好运。从心理学的角度看，这也是可能的。田野调查发现，有的族群说自己的生活为什么比较贫困，因为神造人的时候，先把某某族人造出来了，好东西都搬走了，最后造出来自己的民族，东西都没有了。某某族人比我们生活得好，在造人的时候就得了先手了。这个是一个弱者的讲述。女娲造人故事到底是强者讲述，还是弱者讲述，我们不能确认。根据我的研究，多半是弱者对自己生活的辩护。

　　无论是穷人还是富人，都是女娲造出来的，都应该感恩女娲。所以在女娲面前，大家都要俯首。女娲造人的故事，不仅仅是一个社会秩序的话题，还是中国人特有的叙事。黄土造人,既与中国黄土地的生态相关,也与黄种人的人种特质有关。还有,抟黄土的作业与中国人的手工艺有关。可见,女娲造人的神话,社会秩序问题只是其中的一个内容。什么创造才是本质,而物质创造是与生命创造同步的问题。

据《太平御览》记载,女娲造人的时候,正月初一创造鸡,初二造狗,初三造羊,初四造猪,初六造马,初七造人,所以初七是人日。作为一个生灵的创造者,看起来就像上帝一样,一人独自完成造人的事业。从女娲造人的这些情节看,女娲是一位古老的神灵。历史上将其视为三皇之一。

但是,女娲造人的神话逐渐演变为各种夫妻版本,并且成为婚姻制度的创始者。所以在她一人身上,可以看到社会不断发展的历史剪影。这是中国神话的独特之处,漫长的历史时期里,女娲神话伴随社会发展不断累积,形成了丰富的女娲神话体系。

从女娲造人到女娲生人,是中国创世神话的独特之处。一个重要神灵有不同的造人叙事版本,可以看出中国创世神话的开放性与扩展性。这既是社会的不同形态的反应,也是不同族群加入共同体,认同女娲神话,又部分保留当地神话的产物。

最初是单独造人的大神女娲与伏羲结合成为夫妻。这在汉代孕育成熟。将两位三皇之一的大神合为夫妻,是第一次大的变化。这是传统的婚姻制度建立起来,对应一夫一妻制度的产物。由于中国传统社会高度重视夫妻生活,经夫妻,厚人伦,美教化。伏羲女娲成为第一对夫妻,具有重要的意义。女娲也因此成为婚姻制度的创立者。伏羲女娲夫妇人首龙身的神像,

将龙的传人的叙事整合在一起,将天地日月的神话整合在一起,将阴阳尊卑秩序整合在一起,成为中国创世神话最为经典内涵最为丰富的表达形式。

这种帝王级别的创世故事,在民间演变为兄妹故事。伏羲女娲兄妹创生人类的故事,又带有血缘婚的痕迹,而叙事本身又是告诫这种血缘婚的禁忌。我们在唐代文献《独异志》里,看到了这样的版本:

> 昔宇宙初开之时,止女娲兄妹二人,在昆仑山。而天下未有人民,议以为夫妻,又自羞耻。兄即与其妹上昆仑山。兄曰:"天若遣我二人为夫妻,而烟悉合;若不,使烟散。"于烟即合。其妹即来就兄,乃结草为扇,以障其面。今时取妇执扇,象其事也。

这个故事,是后来众多的伏羲女娲兄妹婚的母本。这个故事各种版本,情节更为曲折复杂。增加的典型情节是滚磨盘。因为是兄妹,不能结婚,但是不结婚人类将绝灭,在经过众多的测试天意的行为后,他们决定,假如兄妹两一人拿着磨盘的上半部分,一人拿着磨盘的下半部分,各自到一座面对对方的山上,将磨盘往下一滚,两块磨盘合在一起,就结婚。两人将磨盘往下一滚,两块磨盘正好合在一起。所以他们就结合了。故事还说,他们生下一个肉团怪胎。这里就真实地表述了兄妹婚的生理危害。这个血缘婚的故事,正是告诫人们告别血缘婚。为什么只剩下兄妹二人呢? 更多的故事是说人类犯了错误,导致了上天的惩罚。这个惩罚一般是洪水。这便是人类最大的故事类型——洪水神话谱系的中国版本,具有世界性的比较文化价值。

这凡夫俗子的伏羲女娲的兄妹婚故事,与作为三皇的伏羲女娲大异其趣,其影响比伏羲女娲人首蛇身的故事还要大。而女娲后来又从伏羲那里拆开,与更大的神灵结合,这就是盘古女娲兄妹婚的夫妻生育人类的故事。我们看到,无论女娲是单独造人,与龙造人,还是夫妻造人,女娲都是其中的主角。

在中国创世神话的天地日月生人,图腾生人和祖先生人三大系列里,女娲都是其中的参与者与主导者,所以女娲造人神话,是中国创世神话的代表作品。

人到底哪儿来的?还有很多的表述话语和形式,不仅各民族有多样性的表述,各地域也多有不同。神话除了故事的讲述形式,还有逻辑的论述形式。《礼记·哀公问》孔子说:"天地不合,万物不生。"天地合,万物才能生长。这就回到了天地日月的神话上来了。人之生,固然与祖先有关,但天地不合就不行。天地之合,是造人的前提。"万物本乎天,人本乎祖。"《周易》说:"天地感而万物化生,圣人感人心而天下和平。"万物与人是天地的交感而生的,如果天不下雨,那么万物怎么生存呢?如果不出太阳,也没有万物,这确实和天地有关系。"天地不交而万物不兴。天地之大德曰生。"天地最大的作用,就是生万物,万物都是天地生的。还有一个逻辑:"有天地,然后万物生焉。有天地然后有万物,有万物然后有男女,有男女然后有夫妇,有

夫妇然后有父子,有父子然后有君臣,有君臣然后有上下,有上下然后礼义有所错。"天地与夫妇具有同构的属性,都是创生的主人。

中国的造人神话有两套话语,一个是带有故事性的话语,比较直观。另外是天地万物的哲学性的话语,缺少情节,没有什么细节,但大道理充满了神话的意味。

这种哲学的表达要形成什么样的文化? 曾子曰:"身也者,父母之遗体也。行父母之遗体,敢不敬乎? 居处不庄,非孝也;事君不忠,非孝也;莅官不敬,非孝也;朋友不信,非孝也;战陈无勇,非孝也;众之本教曰孝,其行曰养。"我的身体是父母赠送给我们的,血肉受之父母。过去说,指甲也不能乱剪,不能毁坏自己的身体,自己的身体也是家庭传承的一部分。这个观点,大家也许觉得,自己有权支配自己的身体,这个是现代的观念,但是这个身体父母所赐的观点也有道理,为爱惜自己的身体,找到了一条很重要的理由。这样一种禁忌,你不能破坏自己的身体,否则破坏了祖先的血脉,逼迫你爱惜自己的身体,至少有这样的好处。我们的身体,并不是我的,而是父母的传承。我们要讲孝道,是家国一体的。君臣并不是最高的关系,我们要在夫妇的伦理当中,实现社会的自我价值。这里颂歌非同寻常地讲到了孝:"夫孝,置之而塞乎天地,溥之而横乎四海,施诸后世而无朝夕,推而放诸东海而准,推而放诸西海而准,推而放诸南海而准,推而放诸北海而准。曾子曰:树木以时伐焉,禽兽以时杀焉。夫子曰:"断一树,杀一兽,不以其时,非孝也。"孝顺需要成为一个准则,一定要按照自然的顺序来做事情。比如说春天不能砍树,不能在动物繁殖的季节进行猎杀。中国的生育文化,到最后变成了一种对整个自然的爱,从孝敬父母,到敬重君王,最后是对待禽兽,你也要按照一定规则进行,孝敬成了很高的境界。我们造人的神话不算太丰富,但是关于敬重祖先,讲究孝道的内容是最详细的。关于天地、祖先造人,我们不讲过程,然而左宗庙、右社稷,宗庙放在最重要的位置,敬重生命,敬重未来,非常重要。创生神话有个最大的意义,就是创造了孝道,把父母的生育与天地大化结合起来。父母生育子女成为天地所化的一部分,这个造人的神话就在每对夫妻的行为中演绎,可谓将创世的神话主角普化为每个个体,周易说:有天地然后有万物,有万物然后有男女,有男女然后有夫妇,有夫妇然后有父子,有父子然后有君臣,有君臣然后有上下,有上下然后礼义有所错。这不是男女夫妇造人之事上合天地之道,下成社会秩序吗?

于是,我们发现,从女娲的造人,到父母的造人,都是一样的神圣,一样的值得崇拜。用一个孝字,将神灵与普通民众的行为结合在一起,造人的神话变成了对个人地位的提升,把伏羲女娲、天地、日月与夫妻同构起来,造人的神话变成了每个个体的行为参与,天地之大德曰生,与父母之恩永世难忘行为合为一体,这就是神话哲学的精美的话语结构。

女娲不仅有造人故事,还有补天等的辉煌事业的神话。据《淮南子·览冥训》:

往古之时，四极废，九州裂，天不兼覆，地不周载，火爁炎而不灭，水浩洋而不息，猛兽食颛民，鸷鸟攫老弱。于是，女娲炼五色石以补苍天，断鳌足以立四极，杀黑龙以济冀州，积芦灰以止淫水。苍天补，四极正；淫水涸，冀州平；狡虫死，颛民生。

这个故事，内涵很丰富，也是一种创世神话，即天地再造的神话，补天，可以视为盘古开天地神话的补充，重立天柱，也是整治天地秩序，这是非同小可的大事，所以又是关于灾难与拯救的英雄神话。而从该故事又衍生出工匠工艺的神话。比如，这里有炼五色石一语，后世冶炼和烧制器物的行业将女娲奉为炉神。

这样，女娲又从一个人的制造者，转为器物的创造者。许慎《说文》中说："娲，古之神圣女，化育万物者也。"化育万物，这是上天的职能啊！但是她就是这样的大神：造人复创物造物。传说她一日七十化，也就是说一天要创建七十件器物。可见在远古神话中，女娲有着超高的地位。

女娲创造了笙簧乐器，这是了不起的贡献。我们发现，造人与创物从来就是一体的。女娲造了人，但是首先造的鸡，然后是狗，第七天才造人。造完人，然后还要造笙簧等乐器，中国礼乐社会，乐器的制造放在第一位。你就会发现，我们的创世神，总要创造一样乐器。女娲造了笙簧，伏羲则创造了琴，黄帝与神女一起发明了鼓，命伶伦造磬，命垂造钟，似乎打击乐器都是黄帝创造的。炎帝神农也是琴瑟的发明人。伏羲女娲，炎帝黄帝,这四位祖先把打击乐器、弹拨乐器、吹奏乐器都发明出来了。《世本·作篇》用很大的篇幅叙述乐器的创造,而这些创始人都是远古帝王祖先。说明我们看重物质的创造,更看重精神的创造,因为乐器与礼乐社会的建设是一体的,乐器的创造是礼仪之本。

中国将创造器物与礼仪的神话历史化,十分庄严地讲述物质的创造者与礼乐制度的创造者的故事。《世本·作篇》是这类神话的渊薮。《世本》将燧人造火列在首位,可见古人对于火的重要性的认知,火改变生活,是对自然的一种依赖与搏击的工具,因此,燧人氏以下,到神农炎帝,火神系列十分庞大,到今天,火神崇拜还是燎原于神州大地,都可以见出火之不同寻常。

接着,《世本》讲述了另外一个创造者,就是伏羲,他创造的是嫁娶之礼。这就可以见出,中国的创世神话,对于制度创立非常关注,没有制度礼仪,就没有社会秩序,制度创制类型,是中国创世神话的独特之处。夫妻制度是整个中国文化的起点,因此得到了极大的关注。我们看到传统的婚礼三拜:一拜天地,二拜高堂,夫妻对拜。非常庄严,传承了古老的创世神话的精髓。

接着就是乐器创造,伏羲作琴瑟,神农也作琴瑟,看来琴瑟是几代人创造完善的。中国古琴五千年,伴随了中国的文明发展,现在是人类非物质文化遗产的代表作,是中国神话的物质见证。神农炎帝作医药,尝百草,黄帝作医。炎帝黄帝,一个对药贡献大,一个对医贡献大,两位祖先乃是医生,救死扶伤,所以得人敬爱。

　　除了医药，黄帝的几大创造是根本性的：一是服饰制度，服饰在黄帝看来是建立社会秩序的行为，所谓垂衣裳而治天下，黄帝将秩序体现在穿着上，这就是不言之教。二是火食烹调，这从根本上改变了人们的体制与习惯，难怪中国的饮食文化如此发达。三是车辆，黄帝号轩辕，是一个造车族。也有说是黄帝的臣子奚仲造车。四是发明甲子计时计年，这极为重要。五是占卜占星占岁。六是发明文字图画，仓颉作书，史皇作图。还有发明数学。黄帝和他的臣子，对器物和文化的发明贡献巨大，可谓世界上最大的创造群体。

　　中国创世神话特别强调文化制度的创制，强调科学的发明，这是非常突出的现象。制度创新是我们的长处，科技创新是我们的传统，所以我们要好好继承这份遗产。

　　中国古代对于器物的制作极为关注，工匠地位很高。否则我们不会有那么发达的玉器、青铜器等器物制作工艺。我们是一个工匠大国。除了帝王叙事，巧垂的故事，鲁班的故事，是一组传奇系列，极大提高了制作工匠的地位。

　　中国古代有一部重要的创造与制造的经典著作，叫《考工记》（见图6）。《考工记》是上古秦汉时期不断完善的经典，是关于手工业的书籍，类似于工艺制作的百科全书。该书首先将创物神圣化，书里说：

　　　　知者创物。巧者述之守之，世谓之工。

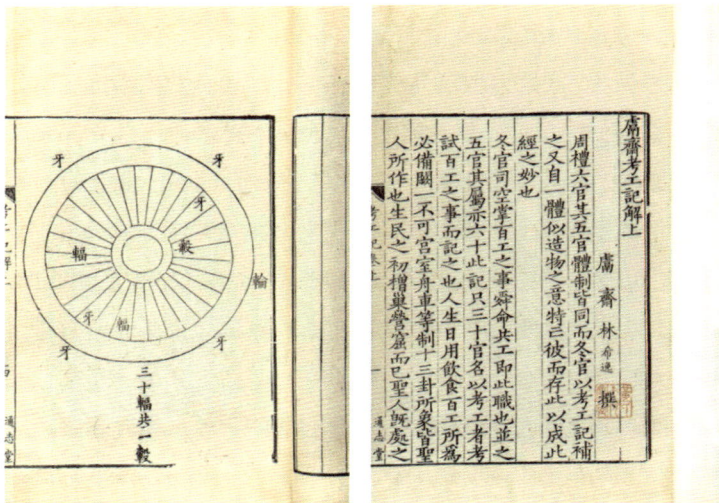

图 6 考工记

　　这是对于工匠的定义,包含创造与传承两个部分。但都是智者,巧者,是人中精英。我们现在把有的国家的工匠说到天上去了,这种学习态度是好的。但是说自己的制造业这儿也不行,那儿也不行,就有些妄自菲薄了。有人说,中国古代轻视手工业,这在有的时代是有的,但是儒家经典不排斥工匠。《考工记》说:

　　　　百工之事,皆圣人之作也。

　　这真是对于制造工匠的极高评价。百工是圣人! 圣人有几个呢? 儒家文化的这一传统在发展过程中实际上遭到不同

学派的抵制,特别是法家,他们强调农本,将工匠与商人视为末流,这些观点,对中国社会的发展带来了负面影响。

历史上有一个四民职业排名:"士农工商",农为本,工商为末,这种观点长期影响中国文化和社会的进程。但是《考工记》不是这样认为的。书里这样说:

> 坐而论道,谓之王公;作而行之,谓之士大夫;审曲面势,以饬五材,以辨民器,谓之百工;通四方之珍异以资之,谓之商旅;饬力以长地财,谓之农夫;治丝麻以成之,谓之妇功。

所以大家看到,六工地位是非常高的,它的职业排序是:王公、士大夫、百工、商旅、农夫、妇功。和后来工商地位低下完全是两个概念。这让我们感到非常奇怪,儒家的经典为什么会被篡改了成为政令,成为社会等级的新范式,而传统价值竟然边缘化。与之相随的就是器物创制的神话也边缘化了。

中国文化一直有多股力量构建一种平衡,中国过去的工商业者地位是低贱的。我在写作第一本书《商贾史》的时候,惊讶地发现:创造商业市场的是炎帝,神话时代就创造了商业传奇。第一位商人我认定为舜。他不仅是陶神,还是商业的实践者。

我们把中国的创世神话进行一番仔细的研究,就会发现,造人的神也是造物的神,造物的神更是创造文化的神,而这些神都是工匠,科学家,各类器物与制度的发明人。中国

的创世神话可谓博大精深。这份遗产，滋养着中国人的精神
世界。

中国的创世神话一直以活态的形式传承，至今生机勃勃，
并非昨日黄花。这种传承有各种形式，其中景观制造与仪式展
演最为突出。

以女娲神话为例，我们可以看到古老的故事，仍然充满无
限活力。女娲神话在当代很多地方被弘扬。如河南周口西华
的发改委，有女娲论坛，还有造人殿（见图7）。

图7　地方女娲论坛

娲皇宫就厉害了，非常盛大的歌舞，照片中是羊年的盛大
典礼。女娲成了招牌，神话文化成为民俗经济的巨大资源（见
图8）。

图8　河北涉县娲皇宫

　　创世神话作为文化资源与经济资源,所得到的重视可谓前所未有。各地的女娲庙宇竞相举行各种节会,来弘扬女娲精神。除了河北,其他如甘肃的女娲文化也是红红火火(见图9)。

图9　甘肃天水女娲庙

女娲神话的传承地,大体有如下一些地方内涵丰富:

(1)甘肃省天水市陇西成纪:女娲洞,女娲庙;大地湾遗址:娲皇故里

(2)陕西平利县:女娲的故里,有女娲山和女娲庙。

(3)河北省涉县:娲皇宫。

(4)山西晋城泽州:华夏女娲文化园

(5)河南省周口市西华县:女娲城

事实上远不止这些。不仅女娲这样一位创世神获得这样的礼遇,有几十位创世神在中国被各种节会在不同庙宇得到祭祀。一位创世神往往有多处祭祀和纪念。如大禹,在四川北川,浙江绍兴,湖北武汉,山西夏县,安徽涂山等多地有纪念设施,以及相关节会。

创世神话的传承离不开景观的生产与叙事,通过庙宇、塑像、壁画等系列形式,将创世神话图像化景观化,直观地呈现在人们面前,这就是我们所说的物象叙事。而景观也是举行仪式的场所和凭依。景观生产与仪式生产是同步的。但是二者一是人的行为,一是物的呈现;一是静态,一是动态。这样立体地把创世神话传承下来。

我们感恩祖先的创造,他们给予我们生命,同时创造了文化与制度体系,以及物质的生产体系。成为中国文化的源头,中国文化与事业发展的前提和基础。

神话也是工匠精神的源头,屠呦呦尝百草,可以看作神农尝百草的现代版,古老的创造者,也可以进入非常现代的诺贝尔奖的行列。所以,创世神话是和工匠精神联系在一起的。通

过创始神话认识自我、认识世界。天地生万物,祖先生人类,祖先创器物与文化制度。敬其生命所来自,传承孝道;敬其所创制,传承工匠精神。创始神话是伟大传统的肇始,也是世世代代传承的人文精神!

造人创物

龙飞凤舞

——中国图腾神话

叶舒宪[1]

在介绍主要内容之前,我先介绍两行字:文学人类学与四重证据法;大、小传统文化理论。我们研究神话,有一个新的学派,倡导一种特殊的方法论。这个学派就是文学人类学,这和过去的研究有一定的区别,不光看文献记载,更注重看文献以外的,特别是要关注考古发现。这个对中国图腾神话研究,有一定创新性,但还是有一些问题,现在也只是探索阶段。文学人类学的特殊方法论叫四重证据法。我还要突出一个理念,就

---

[1] 叶舒宪,上海交通大学致远讲席教授,人文学院博导,历任中国社会科学院比较文学研究中心主任、文学研究所研究员。中国民间文艺家协会副主席,中国神话学会会长,中国比较文学学会副会长,中国文学人类学研究会会长,国家社科基金专家评审组成员。

是把文化传统分为两个不同层面。一个叫大传统,是先于文字而存在的,文献里面没有。文字记下来的传统,叫小传统。我们以往学的知识,都是小传统的知识,对于大传统,我们过去甚至没有想象空间。今天,我重在解释大传统的圣物是什么。参考的读物很多,我主要介绍两套,都是已经出版的。一套是"神话学文库"(陕西师范大学出版社),目前出了 17 种书,有翻译介绍,有西方神话学的前沿研究成果,也有对中国神话做了深度创新性研究的成果。还有一套书是"神话历史丛书"(南方日报出版社),目前出了 10 种,主要是把中国古代的重要经典作为神话历史对象研究。第一部就是《春秋》,这是鲁国的编年史。叙事始于鲁隐公元年春正月,终于 242 年后的一个事件,即西狩获麟。麒麟在现实生活中是没有的,一部历史书为什么写到这个地方就打住了呢? 显然是有信仰在背后支撑着。"神话历史丛书"中还有一部叫作《儒家神话》。过去都以为孔子不讲怪力乱神,神话都是道教一派传承的,儒家是关注现实的,但是这其实是极大的误解,孔子最想梦见的就是凤凰。什么叫作"凤鸟不至"? 这是孔圣人心目中想象的神话化动物,证明儒家思想起源也离不开神话,这方面却被现代人彻底遗忘了。所以"神话历史丛书"这套书,就用新的跨学科的眼光,重审中国的经典。还有一本关于咱们的东邻——《韩国神话历史》,这是本人在社科院指导的一位韩国博士生的论文,我觉得写得非常优秀,这本书可以让大家看到,长白山东面的大韩民族的神话是怎么建构的,和我们中国是有着千丝万缕的关联。

　　我们的起点问题就是研究图腾,国际上有一个文学批评的

龙飞凤舞

流派,20世纪中期比较流行,研究每一个文学作品中使用了哪些古老的神话原型。这一流派的名称,叫做神话原型批评,简称原型批评,也有的叫图腾批评。这部书《神话——原型批评》是1986年编写的,1987年正式出版,距今整整三十年。要说在中国研究神话、图腾,一般追溯到改革开放以来,那时有一次新方法论热潮,即研究文史哲的学人,将国外各种思想流派介绍到中国,形成热潮。被介绍的比较多的,就是神话原型批评。我们努力要解决的问题就是如何把外来的理论批评流派中国化,解决中国的问题。这部书2011年出了第2版,篇幅扩大了一倍。从理论问题开始,用原型批评方法,寻找每一个文学作品、意象、人物的发源。这样的方法,经过三十年拓展,把文学和人类学的研究相结合,提出四重证据法。

我先简单介绍一下四重证据法。一重证据是传世的文献,清朝以上的学术围绕文献做研究,国学根本是经学,也就是对重要经典的解说,国学的正宗是文献学。自从1899年在安阳找到了所谓的甲骨文,人们发现地下的汉字比书本都要早。随后在出土的青铜器上发现了金文,都是清朝以上没有见过的新资料,这样的文字,我们称作二重证据,这是王国维先生1925年在清华大学开课中提出来的。研究中国文化,以前只有文献,现在可以研究传世文献中没有的这一部分信息。王国维主要研究甲骨文,解决商代史的问题,距今九十年了。三重证据是口传与非遗,在老百姓的口头传承中,民间长老、宗教领袖,他们往往能够在仪式场合又唱又跳又背诵,这是口传的文化。国内最新发现的一部史诗,比古希腊的《荷马史诗》还要长,那是在

贵州麻山苗族师公口中发现的,这在过去没有人当作学问,但是中央民族大学一位肄业的学生,率先将它翻译成汉语,引起了我们民间文艺学家的重视,专门拨款到山里去,把整个录像拍出来,在中华书局出了两巨册,叫《亚鲁王》,首发仪式在人民大会堂举行,许多领导都出席了。中国地大物博,尤其是上古时代,汉字覆盖的主要是中原地区,自安阳、洛阳至陕西一带,绝大部分地区都是文字覆盖不到的地方。研究中国文化,不能仅靠汉字记录的信息去研究,一定要走出文字的牢房,这就是三重证据,对于开拓文化研究有重要意义。口传的东西,过去只有在大学,在有民间文学专业师资的地方讲述。如果高校没有这部分专业,口传的文化就根本没人讲,这是非常可惜的。一些学者作为人类学的研究者,研究对象主要是原住民,99%都是没有文字的,怎么研究? 一靠口传文化,二靠写民族志,实地调查村落或部落的生活方式。还有现实的器物,这就是第四重证据,都是从人类学那儿来的。我们说的第四重证据专指文物和图像,要靠考古发掘和实地调研。人类学中有一个下属的学科叫考古学,研究对象就是文物。过去没有字,不知道能不能讲出故事,现在用文物讲述历史是最新潮的,也是我们更新记载的一个重要方面。把这四个方面结合起来,用证据法的方式命名,这是我 2005 年以来所尝试的,这里有思想和知识的升级。过去讲中国的东西,都是靠文献。现在有了四重证据法,我们的眼界、历史的深度,都大大扩展开来了。

有一幅图,是 21 世纪新发现的,熟悉考古和收藏的专业人士一看就知道了。这就是我们这一讲的前两个字,有龙和凤

图1 辽宁牛河梁新出土红山文化龙凤
合体玉牌,距今约5000年

（见图1）。这块玉距今大概五千年,出土地点是辽宁建平县,考古发现史前玉器最多的地方,是红山文化。但是龙凤合体雕在一件玉器上,闻所未闻,见所未见。这是不是龙凤合体呢? 也没有定论,是考古学家看着图像给起的名字,一般叫龙凤合体玉佩。具体是什么,还是需要考究的。但至少可以说明,华夏大地上,比甲骨文出现早几千年,神话和图腾早已批量生产使用。思想与知识升级换代,寻找早期图腾,不再像以往那样,仅靠文献记录的有限知识去做研究。

文化传统,我们划分为两段——有文字的和没有文字的。图书馆就是把所有有文字的文献汇集在一起,称为知识的宝库和殿堂。过去没有考古学,我们不知道文字以外的世界有多么大,多么精彩。有一本书是2013年出版的,是刚才说的"神话学文库"当中的一本,叫《文化符号学——大小传统新视野》,专门讲大小传统的理论和研究方法。什么是小传统? 甲骨文、金文以来,有汉字记录的传统叫小传统。人类学家发现,世界上90％以上的族群,都是没有文字的,不能用少数人的文字记录的东西,来涵盖全人类的知识。人类学家非常重视无文字的文化传统。没有文字的民族,可以说都生活在大传统当中。从空

间划分看,大传统离我们并不远。就像刚刚说的,在贵州麻山的苗族当中,刚刚调研来的史诗,一出手就是上万行。大传统来自没有文字的口传文化时代,直到现在,其传统都没有断。只不过我们读书人太重视文字传统,看不起没有文字的文化传统。大小传统的定义,等于给我们的知识观带来震动,大传统先于文字存在,主要用绘画、雕塑艺术等方法传达信息。艺术是在文字记载之前就产生的。大传统比文字早,并且覆盖空间要大很多。这个是文化符号学通过媒介的二分,给我们寻找图腾的工作,在理论上重新定位。所有小传统,文字记下来的东西,其原型都来自大传统。尤其是国人使用的象形字——汉字,早期每一个字都是图像,找原型太好找了,那就是图像背后的实物。通过对实物的追索,我们找到了华夏一些关键的图腾物。

前面两本书,都是理论性的,《神话——原型批评》讲图腾批评的原理和方法。如果有人问什么是图腾,很简单,一是神圣崇拜对象,二要跟族群的血缘有渊源关系。比如说有人认为我们的祖先是龙凤派生出来的,但只有两个条件都满足了,才叫图腾。我们认为龙凤都是后来的,比它们更早的,是两种现实中的动物,一种是鸱鸮,现代汉语叫猫头鹰,一种是熊,就是狗熊。我们的结论有五个字,就是"鸮熊变凤龙"。有人一听,会大吃一惊,让我来分析一下。

龙的传人这种说法,大家已经耳熟能详了,但是这是现代的说法,古代的龙,以秦朝为界限,被划分为两个阶段。先秦的龙是什么样子的? 秦以后的龙是什么样子的? 我们可以大概了解一下龙是怎么回事。介绍的第三本书,是我 2015 年出版的

《图说中华文明发生史》，专门从神话图腾角度讲华夏文明的产生，起点在八千年前，讲到西周就不讲了。华夏文明的发生，之后大家就很清楚了。鸮熊变凤龙的原理，这本书分为两章来讲，一章讲龙的原型，一章讲风的原型。大家先看看书的封面（见图2），就是用的第四重证据，考古发掘出来的文物来说的，大家一看，就知道是什么。看完了龙，还有一个讲的是龙和人的关系，跟我们说的龙的传人不搭界。在这里，龙非常庞大，人非常渺小。龙，说白了，是升天入地下海的穿越者，是海陆空三栖的交通工具。人站在龙尾巴上，从地升天，这是湖北荆州新挖掘出来的。出土的地点，当地叫熊家冢。龙和人共在的玉雕，告诉我们龙在先秦时代就是超自然的神话交通工具。如果你不信，把《周易》拿过来一看就明白了。龙一会儿潜入水中，一会儿飞到天上，跟祖先、图腾、传人，毫无关联。至少春秋战国时代，关于龙已经有很多解读，大家一看就知道，什么叫"飞龙在天"。图腾神话，以龙风为代表，是中国人最熟悉的两种圣物，今人写了非常多的著作，大家可以自己看看。我们要强调的是，图腾的神话非常重要，产生于原始

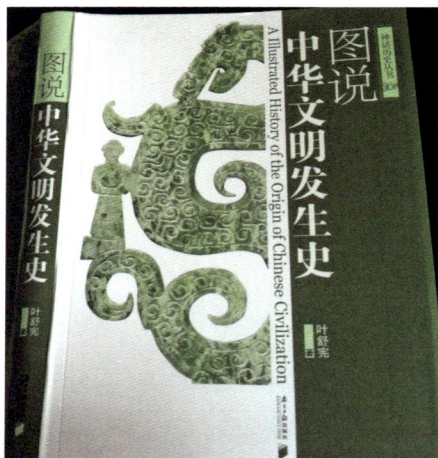

图2

氏族社会。图腾这个词来自美洲印第安语,印第安人没有文字,每一个部落的门口,都放着圣物,或者是木雕,或者是其他形式,一看就是图腾,大多是现实中的动物。这就是图腾两个字在美洲印第安文化中的本意。在人类学家那里,这个词被引申开来,其他人都开始谈图腾了,中国的龙凤也被贴上了图腾的标签,但是在印第安那里,乌鸦也好,青蛙也好,没有一种图腾不是现实中的动物,这个情况和中国刚好相反。我们一直说龙凤麒麟,都是现实中没有的,是宗教神话想象出来的。问题就在于,怎么想象的?为什么想象它们?解读了图腾神话,就打开了中国文化的门径。不了解这个,大门都打不开,只能看后代理性的东西。中国的文化,自夏商周以来,完全沉浸在神话想象当中。

有一张图是非常典型的(见图3),研究生进校,我就以这个为作业,让大家辨识一下,图像上有几个 image(图像)。如有汉代的文化知识,大概知道这张图是做什么用的。汉画像石,是给死人用的,给他的墓葬营造一个来世的空间。中国人坚信死亡不是人生命的终结,一定还有来世。所以中国人事死如事生,把最贵重的东西全部弄到墓葬里面去,大家已经看到了很多墓葬的新发现。在做汉代的墓葬的时候,贵族以上的,要用专门的雕塑,做汉画像石。一边是圆圈,上面有乌鸦,三条腿,这就是太阳。大家认为太阳中有三足乌,或者说太阳是被三足乌驮着飞行的。另一边的当然就是月亮,一个圆圈代表月,当中有一个兔子,还有蟾蜍,只要熟悉中国文化造型表现的,就知道这是月亮。外国人看不懂,或者少数民族不熟悉华夏文化的

也看不懂。左右是日月，表达了天空宇宙、阴阳转化、光明黑暗、生死，就是为死者灵魂定了一个方向。汉画像石的门楣上，经常有这样的图像出现。熟悉民间道教的，大家都能看出来，这就是左青龙，右白虎。这就是标准的宇宙四方空间，一个象征东方，一个象征西方，还有两个看似没出场，实际上已经出场了。到南京城一看，就有玄武门，到西安城一看，就有朱雀门，这都是中国人神话想象中的生物。天上的空间分别用四种生物代表，一旦出现了四灵、四神，完整的宇宙就端出来了。还有最重要的东西我们没讲，青龙白虎当中是什么？中国就是指宇宙四方之中有一个国家最厉害，那一定位于中央。所以一般这个位置留给最神圣的对象，不用争议，它就是宇宙的大王、天空的主神，这是什么？看起来像麒麟，这是两足动物，站在那里舞

图3 2013年安徽萧县采集汉画像石

蹈,还有小尾巴,大致可以看出来,在天空中占据中央主神位置的是一只神熊,千万不要联想到动物园当中的熊。之前我在电视上看华夏武功,其中有一个招式是"熊晃",来自华佗的"五禽戏"。中国武术当中有很多招式模仿野兽,认为它们力大无穷,生命力无限,希望自己修炼到和它们一样。虽然我们忘记了它的原理,但是传承还在,这就是第三重证据的证明力量,华佗时代熊就是神,我们要学习它,是修炼的方式。这幅图是第四重证据,比任何文字都有效。一旦挖出古老的图像,确认没有造假后,那么就代表那个时候人的世界观、宇宙观。既然青龙白虎那么厉害,为什么只是神熊的陪衬?这就潜藏着鸮熊变凤龙的奥秘。

随着动物图腾的出现,也出现了植物图腾。下面讲解两个词,一个词是社稷,一个词是精神。从象形的汉字可以看出字的意思，社和土有关系，土可以生长农作物。稷可以和《诗经》当中的《生民》联系到一起，《生民》讲周人是哪里来的，他们祖先就叫稷。稷字本义就是今天说的五谷中的小米。白面、麦子是距今四千年前后从境外传过来的，在此之前，北方人主要吃的是小米，所以现在发现最早的小米，都是八千年上下的。稷作为图腾，西周人崇拜的祖先，名称就是粮食。社稷：一个阴，一个阳，是阳性的种子种到阴性的土地里面生长出来的。古人认为最重要的东西，就是人们赖以生存的食物。大米在南方生长，所以"精神"这个词是南方人创造的。庄子第一个使用了"精神"，他生活在安徽淮河流域，那里盛产水稻。精和稷都是谷物之灵，谷物生长靠的是生命循环往复、死而复生，春种秋收，绵绵不绝。这两个字背后都有华夏文明实物的原型。我们靠着汉字的原型，找到了两个字实物的原型，都是谷物之灵，农业民族往往把农作物当作圣物。下面这两本书分别讲"社稷"和"精神"。1997年出版的这本书讲的是社稷，书名叫《高唐神女与维纳斯》。讲"精神"的是《庄子的文化解析》，第十一章第五节，该节标题叫"守精与同帝"，说的是"精"的概念之由来：为什么"精"可以和"神"结合。中国人吃大米已经一万年以上了，江西和湖南都发现了万年前的碳化了的人工水稻，我们吃粮食的传统，变成了研究图腾最好的线索，因为字就是从那儿来的。这就是文学人类学所说的，文字就是小传统。如果你仅根据文字写下来的书本认知，那么只知道有文字记录以后的知识。将文字以前的视野打开了，我们才能真正认识到大传统的圣物，大传统的存在原来如同大海一般宽广。

　　植物图腾和动物图腾是什么关系？人类学家解释，人在地球上种植粮食，大概是一万年前发生的。之前，没有人种粮食，也没有人吃粮食。先于农耕文化的时代是狩猎时代，人人都是猎人，吃的是猎物。非动物的食品，都是类似野果这种采集的东西。那个时代，就是打猎和采摘，不种植农作物的时代，你的圣物就是你赖以生存的动物。我们把狩猎时代的图腾和农耕时代的图腾，看作有先有后的发展序列。种粮食是在后面的，狩猎时代早于农耕时代。如果人是猿猴变来的，那么三百万年前，都是靠打猎为生。试想一万多年前，星球上没有粮食的时候，人们想象的是什么，崇拜的是什么，肯定是动物。农作物的穗子，比喻成农作物的头，他们都是要经过切割，才能吃到嘴里。春种的时候，都是喜庆的，但是秋杀的时候，都是悲壮的，不是简单的吃了就算了，而是一定要有各种农耕崇拜的礼仪，所以《诗经》中的颂，大部分是秋报，报答土地。中国百姓古代看戏，叫"社戏"，这不是给百姓看的，而是给土地神看的，是酬谢土地的神恩的。清朝以前，演戏都是神圣行为。知道了土地和农作物的神圣行为，谷物的头和人头之间有巫术的交感作用，这反映在最原始的刀耕火种的农耕文化中，同时还流行一种风俗就是猎头巫术。在中国云南边境，有一个叫佤族的民族，20世纪50年代时去调查，村口放的都是人头，显然还盛行猎头呢。前不久，台湾导演魏德圣拍了一部影片《赛德克巴莱》，一开始就是猎头，原住民的风俗只猎男人头，把脑浆和血掺着泥土，当春播播种时，播撒在全公社的土地上。这是用人头的生命力，促进谷物之头（种子）的生长能力，祈求丰收。这是最早的农业时代信仰,其核心观念是从狩猎时代来的,坚信生命力储藏在头里。这个信仰,在民间绘画中非常流行。画一个老寿星,只要画一个大头就行了,如果问为什么,没有人可以回答。因为农耕时代的人们坚信,头是生命力的来源。中医学生命原理就简单的几个字——还精补脑,古人认为精都在头里面。农耕时代整个意识形态,都围绕着农作物、人头、谷头,如果要追溯来源,就是和狩猎时代动物头颅的观念有关。我们可以把熊头放在前面,从狩猎时代到农耕时代,神话变迁了,但是信仰一以贯之。坚信生命力来自神圣的来源。

到哪儿找熊图腾的物证呢? 20 世纪 80 年代,辽宁建平县的牛河梁,过去在地图上找不到,默默无闻,现在却全世界闻名。辽宁省政府在当地建了博物馆,投资 5 个亿,号称"世界最大的史前遗址博物馆"。那儿挖出了一座庙,距今五千年以上,号称"华夏第一庙",或者是"东亚第一庙"。"庙"这个概念,一般跟佛教相关,但是史前时代,一般崇拜土地,立个杆子就行了。这个地方居然是有庙的,还有神像——熊的泥塑和真熊头骨,但只剩了下颚骨,上半部分不见了(见图4)。动物学家一看到,就知

图 4　辽宁牛河梁女神庙内的熊头骨,距今约六千年

道这是熊。五六千年前神庙当中为什么要摆放熊骨？

还有更早的，在辽宁金牛山发现了旧石器时代人类居住的洞穴，那个时候，人主要吃猎物，在山洞里面发现了巨大的熊的骨骼，摆在显赫位置的是熊头。现放在北京大学塞克勒考古与艺术博物馆，该馆很小，但是文物级别很高。距今

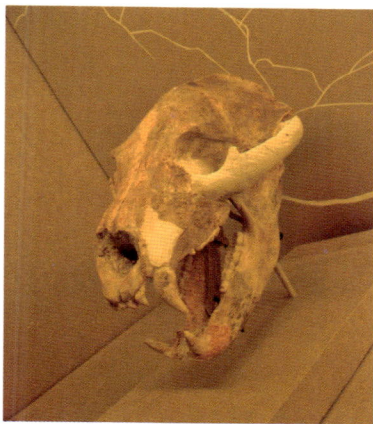

图5 辽宁金牛山旧石器时代人类洞穴遗址中的熊头骨，距今二十八万年

二十八万年，人类赖以生存的食物是动物。人当然是吃熊的，现在在兴安岭还活跃着有狩猎习俗的民族（见图5）。他们的文化没有文字，是用口头传颂，我们翻译出来一看，都是关于熊图腾的，他们把熊叫爷爷奶奶，认为生命的祖源在动物这里，这和韩国的文化如出一辙。韩国今天上演的最火的话剧，就是关于崇拜熊图腾母亲的，他们认为，第一任国王檀君就是由熊母亲生育的。我们自以为是龙的传人，早已经忘记神熊在中华大地上活跃了一万多年的历史。牛河梁女神庙为什么这么稀罕？因为它是五千年前中国大地上发现的唯一一座完整规划的宗教建筑，里面放的是神像，而且年代比甲骨文还早几千年。这就是第四重证据，大传统文化的证据。为什么是女神庙呢？因为所发掘的塑像主要是泥塑，大部分都碎了，但是有一部分碎块很明显是女性乳房，所以被考古学家命名为女神庙。和女神

同在的两类动物,一类是猛禽,一类是猛兽,女神庙中有真熊头骨,也有泥塑的动物——熊头和熊掌。獠牙是白灰涂出来的,熊掌没有任何争议,只有熊才有肥大的爪子(见图6)。

图6　牛河梁女神庙出土泥塑熊头、熊掌,距今五千年

前面的汉画像石中,天国中央的位置居然让神熊占据,大家或许有疑问,为什么不是老虎呢? 是的,老虎现在很厉害,但是上古时期,熊才是第一位的。对"旗"这个字的古老解释是:"熊虎为旗",熊排在第一位,出处是《周礼》。上古时代,熊在虎前面,神熊是有来历的。黄帝有一个雅号叫做什么? 有熊氏。之前播了《芈月传》,大家都知道了,芈是楚国的大姓,但是楚王登上皇位之后,都改叫熊某了,司马迁一共记了二十五位以熊为名号的楚王,对于这些现象甚至没有人问为什么,不知道怎么回事。五千年前,在神庙看到熊,还用怀疑吗? 就一个神庙,就足以说明东亚先民在历史上,曾经将熊奉为神,在庙里面供

奉,这确实是石破天惊的发现。四重证据,又有真熊,又有熊塑像。为什么崇拜熊?原理非常简单。大家可以在本子上写一下"熊"字,用一秒钟做一个联系就觉悟了。一笔把下面四个点(爪子)勾掉,剩下来的就是熊的本字——能。为了区别现实的生物和抽象的概念,例如能力、能源,才有加上四个点(爪子)的新字,把熊和能分开了。这一下就知道了,熊就是能。为什么?熊冬眠时间长达五六个月,躺在那儿好像死了一样,但是夏天又活着出来了。这就是生命的自我更新之能,生命的能量就体现在这儿,不用借助外力,自己就复活了,没有比这个更"能"的生物标本了。"能",变成了人需要模仿的对象,练武功也模仿熊的动作。冬眠之前,熊漫山遍野地吃,体重增加一倍,冬季五个月就靠自己身上的"能"来生存。北方有一个民间习俗是模仿它,叫吃秋膘,这都是仿生学。2005年,国家博物馆举行了全国各民族非物质遗产大展,每个民族都拿出看家的珍宝,以前都是不能示人的。北方的赫哲人拿出了他们世代珍藏的用鱼皮缝制的熊图腾(见图7),熊图腾离我们一点也不远。现在的动画片如《熊出没》中的熊大、熊二形象,少了文化内涵,如果编导稍微了

图7　赫哲族鱼皮熊图腾

解一下中国图腾文化的来源，那就不一样了。

　　《熊图腾：中华祖先神话探源》，是从 2004 年的一部畅销书引发的，就是畅销榜排行第一的小说——《狼图腾》。后来，法国导演还把它拍摄成电影，2015 年春节上映了，反响一般，不如小说那么火。研究中华图腾，不能不面对现实。《狼图腾》前半部分是小说，后半部分是对话与讨论，讨论中华到底是龙的传人，还是狼的传人。作者认为龙是从狼演化来的。《狼图腾》之后，出了一大批有关狼的书，都是跟风的，搞企业的认为要团队作战，才能有强大的竞争力。"龙"太腐朽了，赶快换成"狼"吧。我们做学术研究的，一定要辨别一下，到底"狼"是不是华夏图腾。在《狼图腾》后面的讨论当中，主要的观点，就是觉得龙是从狼演化来的。如前所述，要满足图腾崇拜有两个条件，一个是神圣崇拜的偶像，二是有血缘关系。历史上，确实有崇拜狼的民族。古罗马是一个狼图腾信仰国家，因为建立罗马国家的祖先是双生兄弟，叫罗慕洛和瑞摩斯，他们是被母狼养大的，所以他们崇拜狼。华夏是否有证据证明狼是图腾呢？能否找出证据呢？古汉语中和狼有关的词语，大家一看就明白了，狼子野心，狼心狗肺，和图腾根本边儿都接不上。现在看来，狼图腾基本无法成立。如果要举出四重证据，结果证明的不是狼图腾，而是熊图腾。判案是要讲证据的，大家如果是法官，怎么样判决？要靠四重证据。

　　熊的圣物，国内的发现是几千年前的熊的骨头和熊的塑像；国际上，距今最早的发现有三万年。考古学家在法国南部发现了一个洞穴，也是旧石器时代的人，狩猎的，里面熊的头骨

被放在祭坛上。洞口有彩绘的两只熊，一大一小（见图8）。如果大家看不懂，还有一本书为《山海经的文化寻踪》，是我们重点讲解的十本书之一。《山海经》当中有一座山，就叫熊山，有一个洞穴叫熊穴。实际上这是对图像的最好解释，虽然不在一个地方，但神话时代的想象，原理是一样的。熊穴的原理，就是冬天关闭，夏天开启，四个字"冬闭夏启"。还有一行字，叫"恒出神人"，大家看看熊山、熊穴就明白了，冬天关闭，好像生命之能源休息了，夏天神熊又出来了。这幅三万年前的图像，在法国洞穴的门口，是冬眠之熊睡醒之后的图像，象征着生命的复苏。古代人的季节很简单，就是春秋。春代表夏，秋代表冬。狩猎时代的人，把他们狩猎的对象，当作生命循环的重要象征物，我们把它叫作人类最早的油画，是彩色的。

图8 人类最早的油画，距今约三万年

熊山熊穴的神话,我们知道,熊被放在祭坛上,是崇拜的表现。在日本列岛,有一个阿依努族,比今天的大和民族都要早,大概是两万年前登上日本列岛的,靠猎熊为生。熊是天神的象征,现实中的每一只熊都被认为是天神下凡。熊和神是一而二、二而一的东西,人们吃了熊的肉,但是供奉它的头骨,让魂灵回归天国,来年再化为熊,为阿伊努人提供食物。在日本列岛的阿依努族那里,我们看到了这个现象。狩猎时代我们看到的猎物崇拜,具有特殊性,集中在圣物身上。熊是陆地猛兽之一,老虎虽然凶猛,但是比熊体型小,而且不冬眠,没有能源的联想。有人还觉得熊崇拜不可信,但是只要熟悉第三重证据,仪式上的人披上熊皮就变成了天神下凡(见图9),这就是北方的萨满跳大神,神灵附在萨满身上。这个图腾神话,今天还在表演,现在都叫非物质文化遗产,我们发现有关熊的联想都在这里,看明白了,就知道神熊不是随便想象的。

楚克奇萨满祭祀
The Sacrificial Ceremony of Chukchen Shaman

图9 天熊神话观:神灵下凡为萨满

如果回到狩猎时代,说熊是天空的主神,有更多材料证明吗? 现在能看到的更多材料,都来自史前玉器。玉本身就被中国人当作图腾了,玉是无机物,也被图腾化了,如贾宝玉的通灵宝玉。玉代表天、神、永生,比生命还重要。牛河梁这个地方盖

了一个博物馆，就是要展示当地的玉器。大家看这个玉雕像三
孔桥（见图 10），这座桥不是水路上的桥，而是彩虹桥，沟通天地
的桥，两边是人头，代表神下凡了，这个叫"双人首三孔器"，下
面三个孔是可以镶嵌在杆子上举起来，作为神像抬出来。在今
天辽宁博物馆，仅有一件"双熊首三孔器"（见图 11），是五千年
以上的，当时人的想象完全体现在具体的雕塑形象上了。用切
割、雕琢，把玉器变成当时人们崇拜的圣物。一不是玩具，二不
是日常用品。玉料比玻璃还要硬，很难加工，靠的是切磋琢磨，
是靠着人们的心血做出来的。每一件东西，都让人们联想起当
时的文化。玉文化本身就是把物质神圣化，用它来雕塑被神圣
崇拜的对象、偶像和法器。这些新出土的文物，在 20 世纪八九
十年代以前，都没有见过，更谈不上研究了。我们靠新出土的
这一批神圣器物，把失落的早期图腾信仰的圣物的线索和脉络
勾勒出来，将原型找出来。

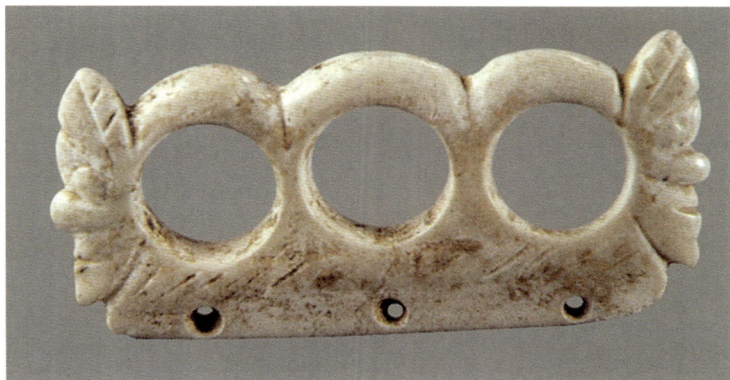

图 10　双人首三孔器

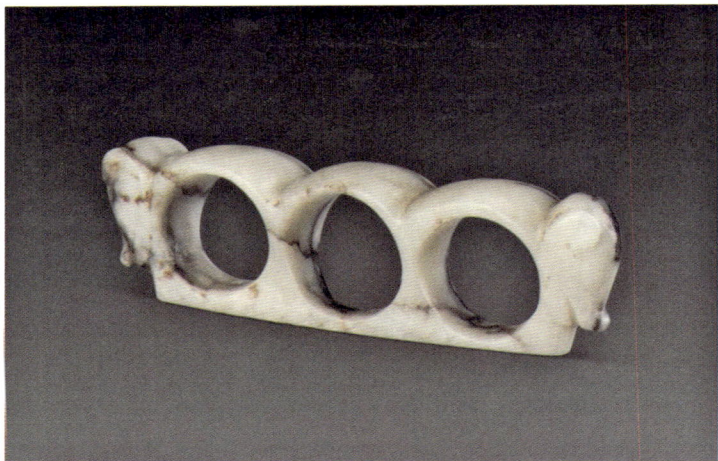

图 11　红山文化双熊首三孔玉器，距今五千年以上

　　鸮熊变凤龙，熊怎么变成龙，我们讲了很多，那么鸮又是如何变成凤凰的？我们先看一重证据——传世文献。凤凰的"凤"和风雨的"风"，字形非常相近，在汉字中，可以理解为同音假借，回到汉字最早的形态甲骨文当中，"风"字和凤凰的"凤"字是可以通用的。这下子，神话的想象就可以复原出来了。《诗经》中有风雅颂，"风"被认为数量最多，分布最广，在我们介绍的《诗经的文化阐释》的第八章，用五万字专门讲"风"和"凤"的神话，讲相关的神话想象是怎么来的。简单地说，1899 年之前，这个谜解不开，1899 年发现了甲骨文以后，解谜才有可能。在一片巨大的完整龟甲之上，学者们看到了四方位的名称。商代的占卜者给东西南北四方的神都取了专名，再给每一个神配一个凤鸟，再配一个名，加起来是八个名称，刻写在龟甲上。古人认为，不论是哪一个方向刮来的风，一定是那个方向的大鸟

（凤凰）起飞时翅膀扇出的风。古人都是靠神话想象的，有可能大家觉得太夸张了，哪一只鸟可以扇出龙卷风？但看看《逍遥游》开篇，大家就明白了，"抟扶摇而上者九万里"，什么风都不在话下。古人以为大地有四个边，是方的，每一个边都有凤鸟在那里。"凤""风"同音假借的解读，让我们找到了华夏先民对于风的神话联想。这是小传统，我们可以追溯到甲骨文。

小传统以上，还有大传统，比甲骨文早一千年的史前器物造型艺术中的凤凰（见图12）。凤的特征就是长尾巴、卷尾巴，头上有冠。这是出土在湖北天门的凤凰造型的史前器物，属石家河文化，距今四千三百年，比甲骨文早一千年，也是大传统文化。甲骨文想象大风的动力来源是凤凰扇动翅膀，这一定有历史渊源。

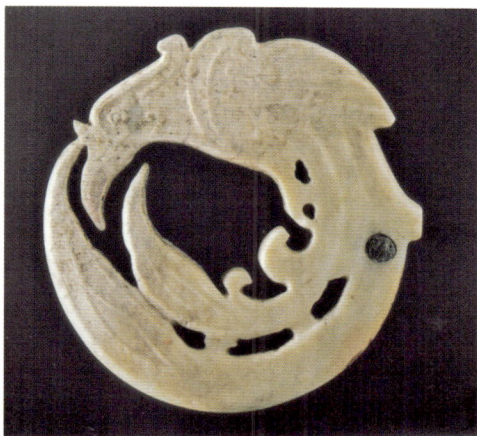

图12 史前器物造型艺术中的凤凰，湖北天门的石家河文化，距今四千三百年

如果要找比凤鸟更早的、更流行的鸟,凤凰就退居一边了。它就是猫头鹰,脸比较宽,大圆眼睛。西方文明的开端在希腊雅典,雅典的守护神是雅典娜,其标志就是猫头鹰,雅典娜是智慧女神。猫头鹰的特征是白天不活动,夜晚才出来,它的眼睛代表穿破黑暗的智慧。古埃及法老的王陵中,在金字塔下,用的就是阴阳转化的符号,神圣的猫头鹰在那儿看着。有人说,中国人认为猫头鹰不祥,因为猫头鹰一叫,就要招灾,它可以和阴间联系,是替阎王爷来勾人魂的,所以今天没有人认为猫头鹰是神圣的,但是我们看看大传统出土的东西,最常见的飞禽就是老鹰和猫头鹰。白天的猛禽是老鹰、雕,夜间就是猫头鹰。

怎么发现凤和猫头鹰有关呢?需要找到变形过程,大致找到比凤鸟更早受到崇拜的圣物。《千面女神》是 2004 年出版的,其中有一章讲图像化的猫头鹰崇拜。比文字还早的崇拜对象,有关熊的样子还有争议,但是陕西华县出土的陶鸮面,毫无疑问就是猫头鹰的头,圆的,圆圈一样的眼睛,距今六千年(见图 13),属于仰韶文化。仰韶文化是 1921 年在河南渑池县仰韶村发现的,起点距今七千年,终结距今五千年,这一文化存在了将近两千年。这意味

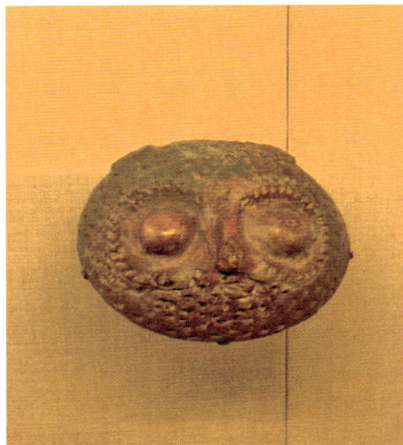

图 13 陕西华县出土陶鸮面,距今约 6000 年

着什么呢？从秦始皇到清朝末年，封建国家的历史一共才两千年，可见仰韶文化是如何的"长寿"，当时用陶塑雕出来的动物都是圣物。

距今六千年到五千年，北方有玉器文化，玉器是更高级的物质，用玉雕出来的，肯定是圣物。辽宁喀左东山嘴出土的红山文化绿松石鸮，其形象是展开翅膀的，头上有两个凸起，是猫头鹰的毛角（见图 14）。

图 14　辽宁喀左东山嘴出土的红山文化绿松石鸮，距今五六千年

辽宁出土的红山文化玉器当中，有一种有争议的，就是勾云形玉佩。这个东西可以看作是云彩，两边带弯勾。但是大家看，此类玉雕最突出的是旋涡状的两个圆眼睛，只有一种猛禽有这样的眼睛，那就是鸮。这个造型表现的实际上就是猫头鹰展开翅膀翱翔。类似的东西，台北故宫也展出了一件，叫带齿

兽面纹玉佩(见图15)。该玉雕下面有几个凸起,有的学者认为是动物的牙齿,我有不同看法,其实这应该是猫头鹰展翅之后张开的尾翼。看了"鸮神展翼"(见图16)之后,我们知道红山文化崇拜的猫头鹰有几种形式:写实的,抽象化的,在二维空间表现出三维立体的形象。辨识不同形式主要靠猫头鹰的两只眼睛。同样的东西,出土了一批,大同小异。说明当时的人,所有部落领袖、有权势的,还有巫师,在仪式上都要佩挂类似的东西。

图 15　带齿兽面纹玉佩

图 16　鸮神展翼:辽宁牛河梁出土红山文化玉器勾云形玉佩

从史前时代的大传统，进入文字记载的传统，也就是小传统，对猫头鹰的崇拜没有中断过，但是商周革命的时候中断了。每个朝代推翻前朝的时候，一定要把前朝神圣的东西打翻在地。商代以前和商代都是崇拜猫头鹰的，最好的证明全部出自商代高等级墓葬。20 世纪 70 年代之后，挖出了几个惊世墓葬，让人们看到了不一样的东西。安阳在几十年以前就发掘出了许多商代墓葬，出土的最精美的东西大部分收藏在台北的中央研究院博物馆中，其中有一件出自 1001 大墓。1001 大墓是我们现在能看到的最高级别的墓，应该是商王的墓，里面任何一种动物，都不可能是玩具或玩偶，而是商朝人信仰的图腾。商人的图腾，写在《诗经》当中，就是玄鸟。到底玄鸟是什么鸟？古代的注解家，一致认为是燕子。玄有黑的意思，黑色的鸟，就是燕子。商代人认为自己是燕子生出来的，燕国就是用燕子命名的。那是不是有燕图腾？我们不能相信汉儒的解说，因为汉儒距今两千年上下，而商代距今三千年以上。中间差了一千多年，如果没有直接的证据，很多问题是需要求证的。1001 大墓这一最高等级的墓葬出土的最高等级的艺术品，是以鸮为主的雕塑，"大理石鸮"是其中之一（见图 17），用大理石雕刻出来，其个头很大。这个造型无比威严，和后人心目中的夜猫子完全不一样，只能让人联想到神圣，它身上刻满了花纹，两条腿比熊腿还粗，采取了王者端坐的姿势，头上两只毛角，叫角鸮。这样的造型，不能仅从艺术上欣赏，我们还要问，给商王的墓葬塑造这样的雕塑，意义何在？和六千年前北方大地崇拜猫头鹰的现象，难道没有关联吗？这是我们的问题。

图 17　台北中央研究院藏殷墟 1001 商王大墓出土大理石鸮

　　除了大理石的,玉雕的小件玉鸮比较多见。最精美的青铜器,叫妇好墓鸮尊(见图 18)。1976 年考古学家打开了一座墓,完全没有被盗,青铜器、玉器加起来有一千多件,青铜器中最精美的是一对鸮尊,是以猫头鹰为原型铸造的青铜器。这下商代人崇拜的神鸟是什么,一看就知道了。墓里并没有找到燕子,所以没有玄鸟就是燕子的证据。这件鸮尊的造型,非常奇特。器型是猫头鹰,头顶上站着两只小猫头鹰,两只翅膀是盘蛇浮雕,尾翼又是猫头鹰,用来表示猫头鹰是生命的能源再生。猫头鹰是夜间的动物,可以和阴间联系。太阳落到地下,去哪儿了?猫头鹰是主管阴阳转化的神偶,也就是生死转换的神偶。

图 18 妇好墓鸮尊

玄鸟的玄,可以理解为黑鸟,也可以理解为是眼睛可以转动的鸟,玄有"旋转"的意思,"晕眩"就是从这儿来的,玄鸟的命名,很可能来自于这类证据。

更多的证据来自民间,在四川方言中,把猫头鹰叫作鬼车。一个意思是突出猫头鹰和阴间的联系,另一个意思是其眼睛像车轮子一样转。猫头鹰还有一个名称是辘轳鸟,眼睛在转,生死在轮回,阴阳在转换,生命在再生。殷商人崇拜玄鸟,如今我们终于明白,商代人崇拜的图腾并不是燕子,而是猫头鹰。这件最精美的青铜器,先刻模型,再浇铸入高温熔化的铜水,代表着殷商时代最高等级的艺术和工艺技术,堪称中国青铜器的标志物。一对鸮尊其中一件在郑州,是河南博物院镇馆之宝,另一件被请到了北京的国家博物馆,也是镇馆之宝。

在北京东二环路有个保利博物馆,用重金到海外收购中国的文物,买的最有名的东西是什么? 就是圆明园那几个兽首。保利博物馆购买的一件属于西周时代最精美的青铜器,名字叫彭季凤鸟尊(见图19),我们现在能看到。还是鸟,还是尊,但是造型完全变了,猫头鹰变成了凤凰,身上站着小凤凰。当看到保利博物馆重金买回来的西周顶级青铜器时,大家会发现,对猫头鹰的崇拜,西周已经不再流行了。政权更替,革命后一切都要变。前代的圣物不能再作为圣物,周人编织了一个神话,叫凤鸣岐山:一旦凤凰出现在周人聚居地,就意味着天命转到周人这里了。后来,武王革命,诛杀纣王,都是凤鸣岐山的神话观念驱动的。

图 19　彭季凤鸟尊

这种现象在艺术史上,若只从艺术欣赏角度是看不明白的。回到商代,这样的青铜器造型,上海博物馆也有,就是鸮卣(见图20)。一身双首,两面合在一起,这种造型来自五千年前的红山文化玉器,那件双猫头鹰首的玉佩。这样一看,商代以前,华夏民族都是崇拜猫头鹰的,透过第四重证据,看得很明确。

图20 商代鸮卣,1999年出土于安阳苗圃北地229号墓

以上把动物图腾、植物图腾都讲了,最后,还有一个数字崇拜现象,这里重点讲的是《中国古代神秘数字》一书。数字是怎么被神圣化的呢?中国古代数字在日常生活中,发挥着怎么样的象征作用呢?古代的讲究和我们的讲究不同,强调模式化的数字,看《水浒传》《西游记》就知道了,为什么叫三十六、七十二、一百零八,是从哪儿来的?都是模式化的编码数字,它的意义和数学没有关系,和文化信仰有关系。《水浒传》这一套,放

在外国,他们大概都不能弄明白,外国人不懂中国数字的奥妙。庄子说黄帝有七十二个黑子,一般人也不明白,这些数字都是十二的倍数,十二、十三都是神秘数字。比它们更早的神秘数字是一、二、三、四、五、六、七、九、十。在日本,八是最神秘的,我们电话号码喜欢有八,但是古代,八不太神圣。最神圣的是五,"阴阳五行""五帝",编码都是从这儿来的。当弄懂了神秘数字崇拜的原理,我们就能从一个方面解开华夏文化编码的重要原理。

我们讲一讲"壹"的图腾,大家把"壹"一写,能看出原型是什么吗?是"壶",这是人造的容器,如果有一个原型,就是模仿大自然的容器——葫芦瓶(见图21),上面是一个盖子,下面是壶。古代思想史上讲的"道"和"一",是一个东西,那么怎么生

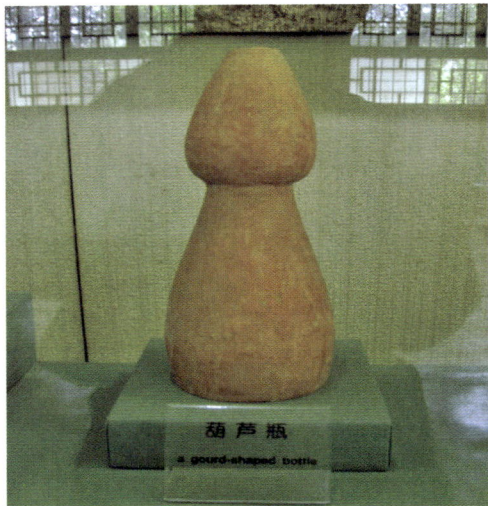

图21 仰韶文化红陶葫芦瓶

龙飞凤舞

覆翼为大
天地日月
追人创物

皮冕班毛
龙碑龙费

出"二"呢？葫芦，原生态的就是"壹"。中国讲究开辟天地，古汉语里是哪两个字？一个是解剖的"剖"，一个是判案的"判"，合起来就是宇宙洪荒要"剖""判"，这两个字都有立刀旁。中国人讲究的是完整的东西，从中间剖开，上为天，下为地，中间走出来的是伏羲和女娲。老子的"一生二，二生三，三生万物"，就是从这儿来的。老子不是西方意义上的哲学家，在我国，形而上的原理都有形而下的原型，找到葫芦最常当做瓢用这一事实，就找到了原型。瓢是最日常的生活用品，在中国人那儿，瓢是怎么来的？就是一分为二、形而下的原型，就在"壹"这里。"壹"讲完了，"贰"还要讲吗？"贰"的原型是什么，希望大家自己能看出来。汉字是最好的图腾符号，能够把汉字原型看懂了，寻找图腾源头最便捷的门径就在这里。

下面该总结了。我一共讲到十本书，归结到汉字，就是二十四个汉字——中国物象、社稷精神、示为祀、戈为戎、姬姜从女王、鸮熊（枭雄）变凤龙。"示为祀、戈为戎"告诉我们，汉字当中还有两个非常重要的标志。《左传》说国家最重要的两件大事，就是祭祀和打仗。今天基本不祭祀了，但是先秦，祭祀永远是第一的大事，因为战争的胜负，取决于神站在哪一方。这样一看，沟通神与人的祭祀活动，成为我们汉字核心编码的原型。"示为祀、戈为戎"，讲的就是这个道理。为了弄清龙凤的由来，我们展示了一系列的考古新发现，大部分是玉雕。现在还要给大家介绍繁体的"國"字，中间有"戈"，四方城墙，守护着国宝，这就是玉。华夏的图腾到底什么是最重要的？现在看来，没有比玉石更加重要的东西。"物象"两字，"物"字从牛，"象"字从象。写完了"象"字，把这个字横着放倒，就看出是一只大象。为什么用陆地上最大的动物"象"，来指代一切形象呢？这就是华夏先民最简便的造字方法，《周易》叫"观物取象"，所以汉字里面所有这些字都可以通过象，找到事物的原型，解读图腾的原理。"姬姜从女王"，讲的就是黄帝和炎帝的关系，我们两个老祖宗，一个姓姬、一个姓姜，二字都和"女"有关。"王"作第四声用，指称王。炎黄二祖都和女性有关系，所以做了王者，成为华夏的老祖先，其原理是怎样的，我们之后再讲。

下面还有几个图像，大家看一看。为什么"國"包含了华夏最重要的图腾呢？"戈"，过去我们弄不明白，但是许多字当中都有戈。戈是华夏特有的兵器，目前发现最早的戈距今已有四千多年，2013 年被列入世界十大考古发现的陕西神木石峁古城（见图 22），

图 22　陕西神木石峁古城

在这里发现了距今四千多年的城墙,外城包围内城,在陕西北部黄河河套地区。这就是"國"。最早的戈就是玉做的,不是打仗的,是权利的象征。"国"这个字不是简体字,是清朝之前就有的俗字。"國""国"两个字都有道理,一个是用武器守卫城墙,一个告诉我们,城墙里面的宝物是玉。中国的图腾基本上就看明白了。在石峁古城石头缝里面,发现了这样的玉器(见图23),这是代表着华夏的图腾玉器,比甲骨文要早,比夏商周国家都要早。它给我们带来大传统的联想,内容无限丰富。以前我们一无所知,今天我们看到城墙缝里面穿插着玉器,究竟是什么意思,大家自己想想。

图 23　城墙缝里的玉器

兴隆洼文化玉器早于龙凤图腾,距今八千年,在内蒙古赤峰地区。这块最早出土的玉玦(见图24),因为玉玦过了这么

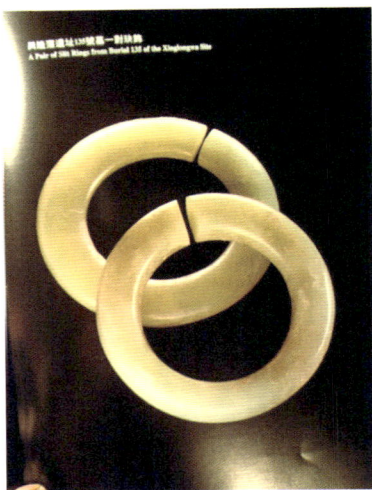

图 24　兴隆洼文化最早的玉器，距今八千年

久，一点腐蚀都没有，古人在这样的器物当中，找到了神圣依附的联想，把它对象化。

回到龙凤，最早的精美龙凤全是玉做的，因为物质材料本身就是图腾，可以说是图腾加图腾，崇拜加崇拜。湖北荆州出土的东周玉佩是白玉做的，非常精美（见图 25）。前面已经讲了龙与人的关系，先秦时代龙是超自然的交通工具，人要通神，就要挂龙形玉佩。秦始皇之后，才出现了把龙和天子对照。

图 25　湖北荆州出土东周龙形玉佩

凤最早的原型也见于玉器。大家多把一件红山文化玉器叫作玉凤。甚至推测它为华夏第一玉凤，距今五千年以上。民族将想象中华夏玉雕形象往往代表着当时的图腾。2010年世博会震旦馆前面放了一个龙，和我们熟悉的龙不一样，很像"C"（见图26）。熊怎么变成龙？从这样东西可以看出来。1976年商代

图26 震旦馆前的C字龙

妇好墓出土了一件非常珍贵的玉器，名叫玉龙（见图27），怎么

图27 殷墟妇好墓出土的玉雕熊龙

看都觉得像猛兽，实际上它是三种动物合在一起的：熊头、鹿头、蛇身。熊头，熊是冬眠的。鹿角是长寿永生的象征，冬天脱落，春夏生长。蛇身，蛇也冬眠、蜕皮。古人认为这些都是返老还童、死而再生的现象，所以把这三种象征生命能量的动物，放在一起，形成"龙"。"龙"后来又长出了爪子，我们就不认识了，其实"龙"就是这么来的。的神话动物和神圣的材料结合，这就是我们的传统。现今如果各位身上挂了一个保平安的玉石，也是八千年传统一直流传延续到现在的体现。

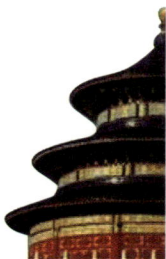

炎黄祖先
——中国祖先神话

叶舒宪

今人习惯称"炎黄"为中华民族的始祖,"炎帝"为神农氏,而"黄帝"则为轩辕氏,均为古代传说中的最早时代的帝王。但从历史学的角度看,"炎黄"并不能作为文献记载中的真实存在而得到科学的承认。那么华夏始祖文化的真相究竟是如何呢?国人又如何从文化编码的蛛丝马迹中寻找到祖先确实存在的事实呢?《炎黄祖先——中国祖先神话》主要探讨的内容是华夏祖先谱系的历史学辨伪与考古学求证。主要讲过去说不清楚的问题,今天相对可以说清楚。所谓历史学辨伪,主要指的是清末民国以来,由于西方的历史科学观念传入中国,出现了一个重要的学派——古史辨派。古史辨派把司马迁、班固记载的正统的历史谱系,尤其是三皇五帝认定为是后人编造的虚假历史,这也是历史学辨伪的问题。上古史是不可信的,真正可信的是东周以下的历史。所以,整个夏商周都被怀疑,更不用说炎帝、黄帝时代了。今天,过了将近一个世纪,对这个问题可以做出什么新的回应,这是本讲的主要内容。

方法论上,我们主要用的是四重证据法。古史传说的问题,涉及比文字产生早得多的时代,所以文字的记载够不到那个时代。我们都知道,甲骨文距今才三千多年,而黄帝距今五千年,用我们距今两三千年的文字确实够不到五千年前的时代。所以,今天的知识主要依赖考古发现的新物证,重建炎黄时代的历史谱系,这也是我们强调四重证据法的原因。还有一点要强调的是,过去我们只讲炎黄,今天我们是多民族国家,只讲炎黄就是只讲华夏和汉人的祖先,其他民族的祖先没有进入探讨。现在有个新提法是"三祖",意思就是炎帝、黄帝和蚩尤。今天,南方的苗蛮集团后裔认为蚩尤是他们的祖先,从二祖到三祖,这是与时俱进的、民族团结的做法。

我要介绍两个博物馆,一个在河北逐鹿,即当年所谓炎黄大战和战蚩尤的地点,新建成一座中华三祖博物馆,就是把黄帝、炎帝和蚩尤共同奉为中华民族的三位老祖先(见图1)。这个博物馆主要展示民间传说,辅助陈列一些考古文物。还有一个博物馆也是新建的,在辽宁省朝阳市建平县一座山包上,号称"世界最大的史前遗址博物馆",全名叫"牛河梁遗址博物馆"(见图2)。大家有空去北方旅游,可以把这儿作为目的地,这是真正五千年以上的原始遗址,特别是出现了神庙。神庙中供奉的女神,被考古学界认为是"中华民族的女先祖"。同时这里还

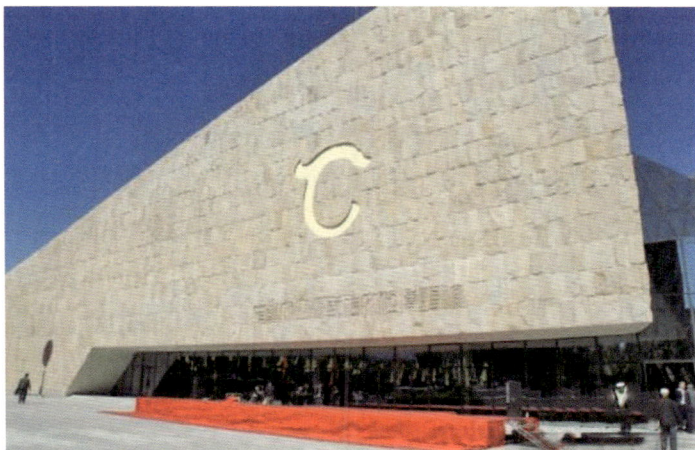

图 1　中华三祖博物馆

图 2　牛河梁遗址博物馆

有大量的墓葬，出土了精美的玉器。三祖博物馆上的"C"字龙，就是从红山文化，也就是从牛河梁遗址以及内蒙古东部赤峰地区发现的五千年前的文物。这两个博物馆，21世纪之前我们都没有听说过，在这里我希望能够带大家走进一个新世界。这里所展示的东西，是不是黄帝、炎帝留下来的，这个不重要，重要的是这是五千年前文明的源头，这才是需要强调的。

这一讲一共有四个问题，我先做一个引言，提示一下理论和方法问题。为什么我们讲炎黄和前人讲的不一样？因为我们在知识和观念上与时俱进了。在理论上，我们把文化传统划分为大传统和小传统。研究文化问题，过去只有小传统，除了书本文献，除了古书上复杂的、有些甚至是互相矛盾的记载以外，我们无从考证。今天的情况是，我们发现了一个比甲骨文还要早的大传统，全部都是没有文字记录的。过去没有资料可考，现在有大量的出土文物、图像、符号，可以相对地复原那个时代的神话谱系。大传统和小传统的二分体系，是基于传播的符号媒介，分为有汉字的和没有汉字的两类。文献记载是重要的，但是现在研究五千年以上的文化传统，文字出现的太晚了，够不到五六千年前的年代。对我们来说，没有文字记载的时代是大传统。文学人类学就是把文学文本的内容和人类学研究的知识整合起来，建立一套新的知识观。大传统先于文字而存在，那么肯定是不依赖文字的。汉字的很多内容，直接来自神话的想象和符号。这样一来，找到了前因后果的关系，一个是深层的，一个是表层的。我们把文字书写下来的内容当作是表层的文化，前文字的是深层的大传统文化。

之前讲过四重证据法,所谓四重证据法,第一重证据指的是传世文献,我们可以把它相对化,过去只依赖文献搞研究,看不清文献的真伪和文献的限度,现在看来,文献和法庭上呈堂证供的供词一样,原告和被告的说法都不同,法官主要是权衡物证,也就是其他的更客观的证据。第二重证据指出土文献,也是传世书本中没有的,从甲骨文金文再到竹简书,现在已经相当丰富了。新的知识观一定要借助新出土的文献。如果传世的文献记载和新出土的甲骨文对商代的记载有矛盾、有出入,怎么办?当然要更加侧重于甲骨文的资料。甲骨文是三千年前古人刻在龟甲和骨板上,埋在地下的。从秦始皇烧书的情况来看,传世的文献基本上是汉朝整理出来的,有一个巨大的年代差异。图书馆里面的古书,最早的也是汉人抄写下来的,距今两千年而已,甲骨文一下子就迈到了三千三百年以上。所以,出土的第二重证据的可靠性,远远超过了第一重证据。过去没有这些新文献,我们只能靠古书。第三重证据,是人类学的看家本领。人类学研究的对象大多是无文字的民族,怎么样重建没有文字的民族的历史和文化?不可能寻找史书,所以人类学做的全部都是田野调查。部落长老口中讲述的创世记、民族迁徙记,都是具有历史信息的,我们可以从中解读出历史脉络。我们今天把口传文化和仪式表演的部分,也就是非物质文化遗产的部分,通通看作是第三重证据,在某些方面,非常有力地说明一重、二重证据解决不了的问题,三重、四重证据是可以的,它们彼此之间有巨大的互相阐释证明的空间。最重要的是具有年代信息的证据,我们叫作第四重证据,主要是考古发现的遗址、文物和图像。这样一来,我们对炎黄时代的探索,可以大大超过古人。古史辨派的时代,考古学的资料没有成熟,也不好大规模地利用,所以他们提出了打倒三皇五帝时代的偶像。但是真正历史事实是如何的,有必要通过一种历史建构的方法将它重建出来。

下面的四个要点是关于炎黄时代的。第一,文字记载的小传统中,"炎黄子孙"说的产生,其基本脉络是较早称为"黄炎",后来变成"炎黄"。两位祖先在上古时期发起的战争,叫"阪泉之战",一般认为是在河北涿鹿县南部,还有一说是在山西运城县,总之都是在华夏北方大地发生的战争。战胜的一方是黄帝,战败的一方是炎帝。所以,最初的叫法是黄帝在前,炎帝在后,不是"炎黄子孙",而是"黄炎子孙"。《国语·周语下》讲到夏族的血缘谱系,认为华夏族后代被称"黄炎之后"。这个说法是今天能够看到的关于"黄炎"之说最早的文字记录。后来又演变成"黄炎子孙"说"黄帝子孙"说"炎黄子孙"说,相对而言,"炎黄子孙"这个说法产生得比较晚,真正流行是从晚清到民国时期。我们生活在近代以来的语境中,所以对我们来说最熟悉的就是"炎黄子孙"。为什么把黄帝放在前面,炎帝放在后面呢?中国自古有"胜者为王"的说法,两个人打仗,取胜的一方自然就被尊为第一名。

两个古帝王的诞生地在哪里?为什么他们分别得到了姬姓和姜姓?《国语·晋语》的原文是:"昔少典娶于有蹻氏,生黄帝、炎帝。黄帝以姬水成,炎帝以姜水成。成而异德,故黄帝为姬,炎帝为姜。二帝用师以相济也,异德之故也。"《国语》是东

周时代留下来的文献,东周时代的人对于老祖先留下来的记忆是"少典娶于有蟜氏,生黄帝、炎帝",他们应该是兄弟俩,有共同的母亲。今天学界一般认为姬水是陕西武功漆水河,姜水是陕西宝鸡清姜河,两地相距很近,都在关中平原的西部。姬和姜这两个姓,看来是得于两条河水,这是古代关于炎黄最早诞生地和得姓的记载。"成而异德"中的"德"如何理解?和伦理道德有关系吗?他们两个为什么要打仗?是因为"德"不一样,看来"德"是类似于神话信仰的观念,和今天所说的道德毫无关系。这就相当于孔子在《论语》里面说的"天生德于予"一样,是与生俱来的,因为各自的图腾崇拜不一样,崇拜的偶像不一样,族群不一样,文化认同有巨大的差异,所以冲突的原因就在这里。古人用一个"德"字,表示的是先天的神性和神力,每一个民族都要把自己的祖先追溯到一个神圣对象那里,这两位祖先的神圣对象有差异。关于他们的母亲有蟜氏的记载,只有一条来自《山海经》,《山海经·中次六经》载:"缟羝山之首,曰平逢之山,南望伊洛,东望谷城之山……有神焉,其状如人而二首,名曰蟜虫,是为螫虫,实惟蜂蜜之庐……"今天的学者推测,有蟜氏是崇拜蜜蜂的部落,与有熊部落通婚,这也就构成了炎黄始祖的根脉。《山海经》在古代被人们认为是神话传说之书,没有人拿它去考证。但是今天,大家都在发掘地方文化资源,河南洛阳孟津县被认为是平逢山的所在地,2011 年举办了"中华炎黄母族有蟜氏故里文化研讨会"。不论怎么说,这个地方确实是中原,也找到了有蟜氏故里,至于是否相信,那就是仁者见仁的问题。

　　有熊国,之前介绍过,熊不是随便想象出来的,有非常深远的史前文化脉络。在《路史》中,专门提到了有熊国在河南新郑,如今的郑州机场所在地。现在新郑建起了一座黄帝广场,广场上面建造了一个问鼎中原的大鼎,鼎足是三只立熊(见图3)。当地的文化还记得有熊国国君,圣物是熊,这里是华夏海外游子认祖归宗必去的地方。

图3　新郑黄帝故里的熊足大鼎

　　关于"炎黄子孙说"的由来,我们交代了最早的关于炎帝、黄帝的记载,以及他们出生地、得姓的记载,说到祭祀他们,《史记·封禅书》中有:"秦灵公作吴阳上畤,祭黄帝;作下畤,祭炎帝。"这两个是并列的,但是黄帝在先,为上,炎帝在后,为下,二

者被秦人认为是他们共同的祖先。秦始皇统一中国以后,随后是汉家王朝,都继承了这个脉络。我们举的三则材料,都是黄帝在先,炎帝在后。显然"炎黄"的说法是后起的,并且一开始并不流行,真正流行是到晚清民国的时候。清代鸦片战争,外敌入侵,国破家亡,所以"炎黄子孙说"大为流行。再加上辛亥革命,要推翻满清统治,特别强调华夏黄帝,所以"炎黄子孙说"在此背景下被推崇,一直到抗日战争,"炎黄子孙说"还是我们保家卫国的口号。台湾爱国诗人丘逢甲的诗云:"人生亦有祖,谁非黄炎孙?归鸟思故林,落叶恋本根。"从近代以来的华夏话语,在反对外敌入侵、推翻满清统治的语境之下,"炎黄子孙说"成了大家的共识,这是文字小传统中炎黄祖先问题的基本脉络。

黄帝号有熊,是有熊氏,建立的国家叫有熊国,以熊为图腾,这个问题,之后还要讲。这里先讲一讲炎帝姜姓的问题。"姜"这个字,先写的是"羊",下面是"女"。"姜"和"羌"两个字,在甲骨文中是通假字,是可以互用的。大家都知道少数民族有一个"羌族",《说文解字》解释"羌"为"西方之牧羊人"。《说文解字》是汉朝的工具书,里面的信息都来自于远古时代陕西宝鸡清姜河位于关中的最西部,再过去就是甘肃天水地区,是渭河流经的中游。渭河的上游在甘肃渭源县,再过去就是甘肃、青海交界的地方,是今天西北地区游牧文化发达的地方。姜姓的问题,现在看来,文献中记载的位置和今天游牧文化的分布基本上是吻合的。如果把华夏族群看作是炎黄两支族群互动融合的结果,那么黄帝这一支代表的是农耕文化,以中原为中心,在史前时代叫仰韶文化,主要是种小米的。距今四千年前,西边传来了麦子,这是后来才有的。炎帝代表种植麦子的文化,同样和西部文化有关系。地球上最早的游牧文化出现在今天的中亚地区,游牧民族是不定居的,是迁徙的,这对他们的文化传播产生了非常大的作用。

图4

华夏有"真""善""美"三个概念,如果写出来,其中两个都和"羊"有关。许慎对美的解释就是"羊大为美"(见图4)。对于农耕民族来说,肉食是非常稀罕的东西,对于游牧民族来说,肉食是家常便饭。农耕民族只吃粮食,营养结构上有所缺憾,如果有羊肉作为补充,那么就会非常好,在古代肉食比较稀罕。在陕西北部的这些地方,文革后我家曾经下放在那,本人有一些实际的生活体验。在那里,过年时才吃一次肉,平时都是小米,白面基本上没有。黄土高原这块地方,特别需要西来的游牧文化作为补充,所以"羊大为美"的观念和羊肥有关系。今天人怕胆固醇高,不喜欢肥肉。但是古代人都非常喜欢"油水"。古人把那些富家子弟叫"膏粱子弟","膏"指的就是动物脂肪,他们每天有肉吃。

杜甫的诗里面称"朱门酒肉臭,路有冻死骨。""羊大为美"的概念,就是典型的西来的游牧文化对农耕文化的影响,美的概念最初是来自味觉的。

对于羊的崇拜,可以在文化中找到许多证据,十二属相中有羊,根源就在于"羊"在古代和吉祥的"祥"是同字。国人对祥瑞非常讲究,羊能代表祥瑞。羊图腾的遗留非常多,举一个例子,龙可能是羊头龙。在 20 世纪 80 年代,成都以北的三星堆遗址发掘出了青铜塑造的羊头龙(见图 5),可以看得非常清楚,它不但有羊角,还有山羊胡子,有人说是龙,有人说不是。但是羊图腾和姜羌文化息息相关。来自西方的游牧文化对中原的农

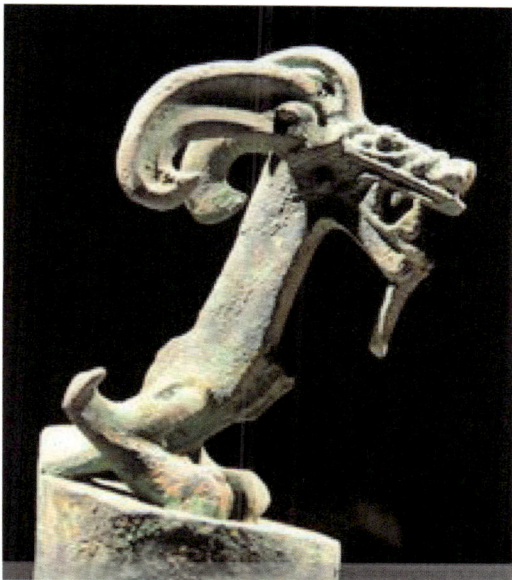

图5　三星堆出土羊头龙青铜器

耕文化做了重要补充，我们今天说的"炎黄子孙"，有相当一部分人的血统实际上就是先入中原的氏羌族。剩下来的甘肃南部、四川北部的羌族，都是当时没有入中原被挡在关外的羌族人。姜姓在古代是不得了的大姓，占华夏人血缘的半壁江山，是华夏族群的重要源头。

第二个问题，咱们要解释的一个关键问题就是黄帝图腾到底是什么。黄帝和炎帝，两位的"德"不一样，实际上就是神力不一样，也就是图腾信仰的对象不一样。黄帝的图腾和他的名号有直接关系，黄帝又叫轩辕，又叫有熊，怎么理解这两个雅号呢？过去没有完整的解释。关于黄帝最早名号的记载，有两个材料，一个是战国时候的《竹书纪年》："黄帝轩辕氏，元年帝即位，居有熊。"这个有熊好像是一个地名。到了《史记·五帝本纪》的时候，第一个记载的就是黄帝，司马迁写道："黄帝者，少典之子，姓公孙，名轩辕。"又说："自黄帝至舜、禹，皆同姓，而异其国号，以章明德。故黄帝为有熊，帝颛顼为高阳，帝喾为高辛，帝尧为陶唐，帝舜为有虞，帝禹为夏后，而别氏，姓姒氏。"《史记集解》认为黄帝轩辕为有熊国君，把有熊看作是黄帝的国号。这样一看，华夏所有的祖先，都是黄帝一系，是同一个血缘系统来的，甚至北方的匈奴，也被看作是黄帝的后代。

问题是轩辕和有熊，这二者到底说的是什么？这两个名号的得名究竟如何解读？我们用天人对应的神话来解读它。"轩辕"二字都从车，显然和车有关系。在与黄帝相关的神话故事中，有一则故事是说黄帝发明指南车。黄帝跟蚩尤打仗的时候，蚩尤放出了风沙，分不清楚四方，军队没有了方向，这时，黄帝发明了指南车。这个车不是载物、拉货用的,而是指示方位用的。还有一个相关传说是"黄帝四面",即有四张脸。黄帝被认为是东西南北四方的中央之帝,所以他的脸朝向四方。到哪儿找指南车呢?我们可以来看看甘肃礼县秦先公墓出土的青铜熊车(见图6)。青铜器一般不是用做工具武器,就是用做礼器,这样具有神话象征性文物的发现绝无仅有。刚才我们已经看到,秦灵公时代把炎黄作为祖先祭祀的对象,给他们设立寺庙。秦人的文化当中,跟有熊相关的就是这个文物,它是一个四方的青铜车,四个角上站着四只鸟,中间有一个车夫,车夫身后端坐车中央的是一只神熊,边角上还趴着四只螭虎。显然,这是一对四的关系,代表中央和四方。四只螭虎也好,四只玄鸟也好,都是拱卫中央神熊的,方位关系十分明确。虽然没有

图6 甘肃礼县秦先公墓出土的青铜熊车

文字,不知道它是做什么用途的,但是可以确定青铜器铸造出来时一定有模型,设计者观念中一定有其范本和神话想象。

虽然目前只能看到这样一件孤立的文物,但是这个车子,显然既不是载物的,也不是运输人的,而是表明某种天象的。如果要问象征什么天象,那就是北斗七星。北斗七星按照春夏秋冬四季在天上旋转,按照北斗星运转的方向可以确立四方方位,这是农耕社会的先民观天象、定季节、定农时的天上范本。所谓"北斗东指,天下皆春"的说法就是证明。下面就是北京天文馆给出的北斗七星图,既可以把"斗"理解为容器,也可以理解为车斗,把车辕部分理解为斗柄(见图7)。北极星是天上的中心,其他的星星都是围绕着它旋转的,这就是孔子在《论语》中比喻的:"譬如北辰,居其所而众星拱之。"天上的这颗中央之星对应的也就是地上的最高统治者。

图7　轩辕为车:北斗帝车神话想象

这样一来,有熊也好,轩辕也好,在天人合一的想象中完全得到落实。古人讲的东西,看起来没有得到落实,但是其实都是有缘由的,不是随便的幻想。这个图像是北京天文馆为了说明北斗帝车的神话想象图。这样一看,轩辕为车、北斗帝车、指南指北的问题都解决了,结合甘肃礼县秦先公墓出土的青铜熊车,有熊国君和黄帝的对应、和轩辕的对应,基本上全部都可解决。这表明四重证据法的出场对解决前人无解的难题是多么重要。这样具有神话象征性的先秦文物是古代学人也不曾见到的,异常珍贵。

天上的有熊如何解释?如果大家熟悉希腊神话,北斗七星的神话也是天文神话,今天还在用,也就是被称作小熊星座的神话。把那几颗星星连起来,外形像一只小熊,还有大熊星座,都是我们孩童时期的想象,古人也是这样想象的。把天上的星星想象为天神,以熊的形式存在。所以到了人间,熊就被想象为天神下凡了。这是第二重证据,比第一重证据有效多了。长沙出土的《楚帛书》有一篇讲中国的创世记,开天辟地,最先出现的字就是"天熊",也有人解释为"大熊",这就是我们找到的祖先的原型。如何理解天熊的问题呢?要看三重证据也就是活态传承的文化,保留着数千年不变的文化记忆,从中可以得到证据。三重证据就是口传与非物质文化遗产,在北方的赫哲族、鄂伦春族等,他们的神话都认为熊是祖先图腾,熊往往和天神有关,或者是天神下凡变的。这样的传说,看起来好像都是神话,但是其实是天熊文化在史前时代的遗留。众所周知,狩猎时代先于农耕时代而存在,狩猎民族的神话是最原生态的、

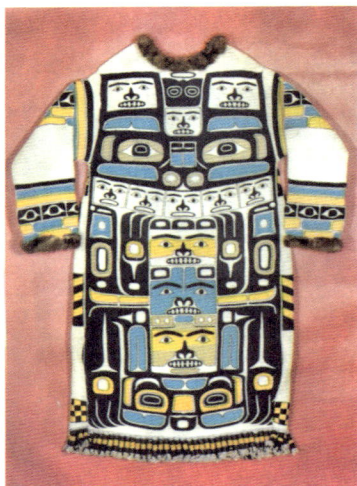

图 8　印第安巫师长的熊面祭司服

最古老的神话。我们可以看到天神的观念在少数民族文化中是如何表现的，反过来可以帮助我们理解天熊观念是如何起源的。五千年前亚洲美洲之间没有白令海峡，是连在一起的，印第安人的先祖就是从这里抵达美洲的。印第安人崇拜的第二大图腾是熊，印第安巫师长穿的祭司服（见图 8），上面全部都是熊的图案，熊代表神，穿上有熊的服装，就意味着天熊下凡。正能量全部通过服饰表现出来。

　　之前讲过的红山文化双熊首三孔玉器（见图 9），发掘出来后也不知道叫什么，旁边是两个熊头，中间有三个圆孔，我们把它解释为变体的玉璜。玉璜的标准样子是两边两个龙头，甲骨文中彩虹的"虹"字，就是一个弯条，两边各有一个龙头。"虹"被想象为沟通天地的桥梁，人要上天，天神要下凡，一定要有沟通的桥梁。玉代表天神，用玉做成彩虹桥，是玉璜这种器物的神话本意。甲骨文字学家认为，只有下暴雨以后，才有彩虹。现在我们也说，不经风雨怎么见彩虹？先民以为，下暴雨，天上的水都来地下了，天神在上面渴了，就化作双头龙下到地上喝水，张着大嘴，甲骨文的"虹"字，就是双头龙张着大嘴来喝水的

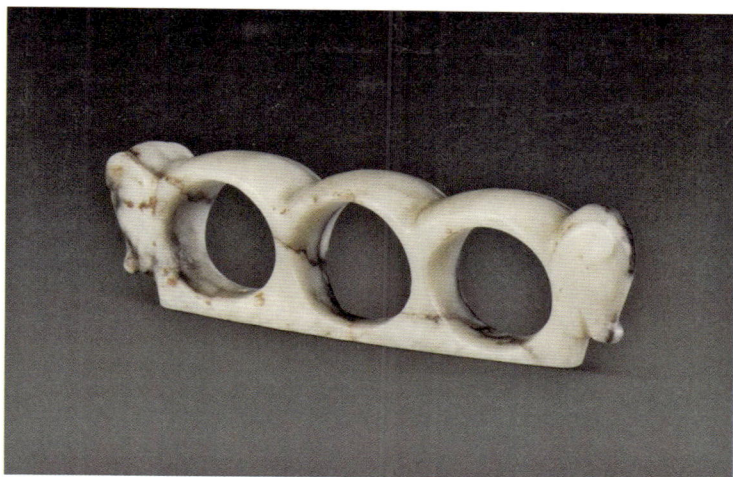

图9　红山文化双熊首三孔玉器

样子。有了这样的神话背景知识，再看这个玉器，就不难理解它是沟通人和天神的象征性法器。

　　由此可以看出，天熊的观念，绝对不是战国时代《楚帛书》的写作者发明创造出来的，其所继承的是没有文字的大传统神话想象。对此，过去没有办法研究，但现在可以让文物自己说话，关键需要掌握解读技术。有人说为什么人穿上熊样的服装，就变成了天神了。如果大家不信，看这幅图，是北方祭司标准的祭司服（见图10），什么也不要，只要熊皮就可以了，代表神降临了。跳神的意思就是祭司穿上熊皮，就已经不是凡人，而是天神降到人间。这就是第三重证据对文物和文献的解释力，所有在仪式上看到舞蹈的人都知道是什么意思，是活态的，不用多说。什么人不熟悉这些？只有生活在城市里的现代人，对

炎黄祖先

民间文化不熟悉，神话想象的根就断了。好在这个非常古老的
文化传统现在在北方的萨满跳神中还可以看到。这是一件在
海参崴博物馆拍的跳神服（见图11）。在唐代和清代，海参崴曾
经是中国的领土。北方是崇拜萨满的少数民族，这一件跳神
服，上面只有一只熊，在衣服下摆的位置。萨满跳神一定要有
法器和音乐，代表神灵下凡，无论是一只熊，还是几十只熊，道
理都是一样的，都表示熊是和天神连在一起的。

图 10　天熊与神，萨满与傩

图 11　海参崴博物馆的跳神服

　　考古学能否证明夏代的存在？关于夏王朝的记忆，是复杂
的学术难题。因为夏朝比甲骨文还早，那时的文字还没有发
现，也不知道到夏朝到底建都在什么地方，传承的如何。不过，
比商代更早的文物图像，出现了一件相当于夏朝国徽的文物。
河南洛阳偃师二里头遗址，一般被认为是夏代晚期都城所在，

出土了最高等级的文物——镶嵌绿松石熊形铜牌（见图12）。拿铜做底，镶嵌有数百块细小绿松石，塑造出来的形象和萨满法器的神牌一样。有人说是老虎，有人说是狐狸，实际上就是狗熊。天蓝色的玉石代表蓝天，这个青铜器属于中原地区最早的一批青铜器，刚刚开始使用这种金属，就用它来塑造代表天神的圣物。夏朝的人

图12 河南二里头出土镶嵌绿松石熊形铜牌

是颛顼的后代，颛顼是黄帝的孙子，和有熊氏是一脉相承的。

　　熊的形象在文献中不多，但是在第四重证据中常见。从距今八千年前开始，直到今天的仿古玉工厂还在做这样的形象，确实是跟熊图腾的记忆联系在一起。西汉的时候，金熊出来了。大家都知道金子很珍贵，如果熊是今天理解的笨笨熊、贬义的动物，就不会用金玉来塑造了（见图13）。这就是文化失落，大传统离我们远去了，后人只生活在小传统之中。

　　今天的人会说："你看这个人的熊样。"这话肯定不好听，这就是小传统的农耕时代，把神熊彻底忘记干净了。时过境迁，文化传统中断。因此，不能用今天的文化观念来理解上古神话，面对这些出土的器物时，一定先要有敬仰之心。这不是熊，而是天神下凡了。当知道了这个原理后，我再举一个二重证

图 13 安徽出土西汉鎏金双熊

据——上海博物馆馆藏的战国楚简书《容成氏》（见图 14），讲的
是大禹治水被天下拥戴，大禹为了分清不同地方的人，就给每
个地方的人做一面旗帜，一共有五面旗。"东方之旗以日，西方

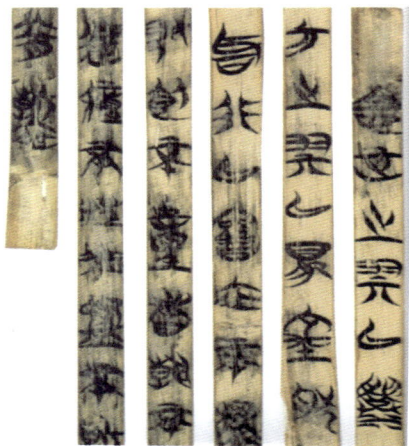

图 14 上海博物馆藏楚竹书《容成氏》

之旗以月，南方之旗以蛇，中正之旗以熊，北方之旗以鸟。"大禹自己的旗子是熊，这是中央的动物。和四重证据完全可以吻合，没有比这个更加有说服力的记载了。这样一看，夏朝的问题可以解决，天熊崇拜的问题也解决了。国旗全部都是来自于图腾，在部落门口，立一个图腾柱，相当于国旗，夏朝的国旗黄帝族还是认同的。刚才的绿松石熊形铜牌，相当于国徽，国旗、国徽都出来了，还要去怀疑吗？大禹的神话其实都和熊有关系，最好的解释就在《山海经》当中。

有人说四方的旗帜不重要，中央的旗帜最重要，当然不是这样的。没有四方，就没有中央，没有中央，就没有四方，它们是相互依存的。辨别四方和中央的关系，这是我们"中国"之所以得名的一种原型经验。"中"字的原初字型就是一个旗杆，上面飘着旗帜，表示由人群围着祭祀仪式的中心象征，引申为中央空间。有关中央熊旗的发现，确实是石破天惊的当代发现。可以通过两千年前的汉代石雕文物大概想见一下大禹的熊旗是什么造型。古代旗帜基本上有一个传承的脉络，这里展示的是山东临沂孔庙中保存的汉代画像石：顶天立地的神熊形象（见图15）。

图 15　顶天立地的神熊形象

第三个问题也很重要，就是"姬""姜"两个字，如果合并同类项，就剩一个字——女。过去百思不得其解，古代伟大帝王的姓氏，为什么都是从女呢？为什么炎帝和黄帝的姓氏当中，都有女呢？小传统没有解决这个问题。中国的"姓"字，就是"女""生"合成的。今天有许多姓氏，有所谓的百家姓。先秦的时候，姓氏是屈指可数的，最重要的姓都来自图腾符号。周人姬姓，老祖母叫姜嫄，是异族通婚的。从优生学考虑，一定要族外婚子孙才能健康。族外婚就一定要找"生而异德"的，但是既要联姻，又要打仗，就很矛盾。这里需要提到一个国际学界的新发现：在男神崇拜出现之前，世界上崇拜的神都只有一个性别，就是女神。在文明产生之前，只有女神独尊，这是 20 世纪后期的考古发现。

在中国，有辽宁建平发现的一个牛河梁女神庙遗址的女神，其泥质的塑像出土了，只有眼珠是用玉片镶嵌的（见图 16），她被认为是华夏女性的老祖先形象。这个庙中没有发现男神，都是女神。还有一个是河北发现的距今约七千年的石雕女神像（见图 17）。如何确定她是女的？你看她的肚子就可以了，一般突出表现巨腹丰乳，强调生育功能。古人的观察经验告诉他们，一切婴儿都是从女性的肚子里生出来的。进入农耕社会后，农民也都有同一种想象，都认为大地就是母亲。阴阳的顺序是阴在前、阳在后，这都和我们要调查的对象相吻合。为什么"姬""姜"两个古姓都从女？可能因为当时是一个知母不知父的社会，被生下来的孩子，不知道父亲是谁，他的姓是同母姓的。这样的社会，在今天的云南纳西族还可以看到。在遥远的

图 16　牛河梁女神庙遗址的泥质女神塑像

图 17　河北石雕女神像,距今约七千年

史前时代,崇拜女性的社会是常见的。

20 世纪,有一个重要的学术发现,就是刚刚提到的,五千年前,在有文字记载的文明开始之前,如果有神,基本上都是女神。女神基本都是母亲神、生育神。有一部英文书《上帝有妻子吗?》(见图 18)就是针对基督教发问的,基督教崇拜圣父、圣子、生灵的三位一体。这部书问:"上帝有妻子

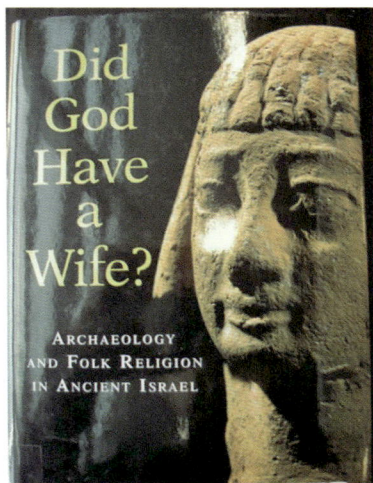

图 18　《上帝有妻子吗?》

吗?"这部书不是小说,副标题是"古代以色列地区的考古学与民间宗教"。书名是一个问句,封面用一个图像来回答:"不仅有,而且可能上帝本人就曾经是女的。"封面图像就是史前时代,在以色列犹太教还没有出现的时候,发掘出土的神像,一看这头发,大家就明白,这是女神像。这是一部严肃的学术书,代表着 20 世纪女神的再发现运动,这个运动波及整个文化领域。最著名的畅销书《达·芬奇密码》,也是这个运动派生的结果。如果看了这部书再去读《达·芬奇密码》,大家一下子就明白了,《达·芬奇密码》讲的就是在父权制文明中早已经失落的女神崇拜。

回到炎黄的问题上来,国内的女神研究相关成果和介绍已经积累了一批,有两部书分别是 2004 年的《千面女神》和 2008 年的《活着的女神》,它们是汉语学术界对国际上重大学术发现的一种回应。我们在中国社科院完成一个项目叫《中华文明探源的神话学研究》,主体部分基本都出版了。其中有部译著是女神文明研究的国际代表人物已故的美国考古学家金巴塔丝的代表作《女神的语言》。该书告诉我们,崇拜女神的现象在地球上存在了几万年之久,到了有文字的文明社会,才逐渐被取代、遗忘。这就今日较为前沿的作家、编剧和导演们努力要寻找的新题材而言,确实是文化大传统最深的根脉所在。如果女性塑像表现成肚子是隆起的,还刻画出乳房,一般表示生育和抚养,是代表母亲崇拜的遗物。在内蒙古林西县,出现了距今八千年的女性石雕像(见图 19)。中国雕塑史的大幕就是由此揭开的,也是女神的形象,这比炎黄时代还要早三千年。那个时候根本不知道男性神灵是什么样子。这样一来,寻到了真正的老祖根,这就是遥远的母系氏族的回光返照。女神是用象征符号代表的,除了被塑造为一眼就能看出来的人形形象外,还有八种动物形象。这八种动物是哪些呢?

在林西县,除了发现石雕女神,还发现了石雕的熊(见图 20),猛兽中排

图 19　内蒙古林西县女性石雕像,距今约八千年

在第一位的是熊,昆虫中也有象征生育的,例如蜜蜂。《尔雅》给熊下了一个定义"蛰兽也",就是能冬眠的动物,到秋天和冬

图 20　内蒙古林西县出土兴隆洼文化石雕熊像,距今约八千年

天就不见了,夏天又活过来了。熊虽然大但按照春夏秋冬的作息,被理解为是可以死而再生的,人们认为它的能量无比大。所以熊的本字就是"能"字,意指生命的能源,可以自我修复、死而再生。距今八千年的林西县兴隆洼文化显示,人们已经种植小米,崇拜女神,崇拜熊。五千年前,牛河梁女神庙发掘出熊的头骨,就一点也不奇怪了(见图21)。牛河梁女神庙中也是既有女神形象,又有熊形象。八种象征女神的动物形象除了天上飞的猛禽——鹰,还有夜晚活动的猛禽猫头鹰。特别是猫头鹰,它是代表阴阳转化的神。猪、蛙的象征原理也是一样的,也和女神联系在一起。莫言写了一部表现计划生育的小说,书名就叫《蛙》,因为青蛙百子,哗啦一下,生出来许多。所以,这些象

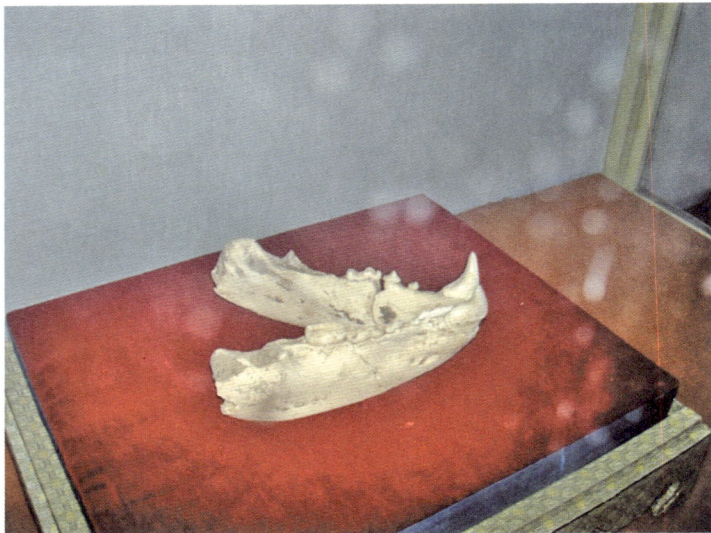

图21　牛河梁女神庙出土熊下颚骨

征物都是联想出的,没有一个是随意的。牛河梁女神庙里面还有泥塑的熊头,可以很清楚地看到下半部分的熊的獠牙。女神庙中既有女神的物证,又有神熊的物证,这也验证了金芭塔丝的女神文明假说。

在华夏文化之外,欧亚大陆也有很多熊形、蛙形、鸮形的史前文物。美国考古学家金芭塔丝在《女神的语言》一书中举出一个距今六千年以上的前南斯拉夫地区出土的史前文化遗物——熊形灯台(见图 22)。用熊的身体代表能,当时人们点油灯,都希望灯可以长明,希望能源可以永久供应。就像熊的脂肪很多,尤其是冬眠之前,要漫山遍野去觅食,储存能量所以熊是能的象征,做灯的 symbol(象征)是最适合的。

图 22　温加文化熊形灯台

温加文化的熊神陶塑是两足神熊(见图 23),不是四足动物,而是按照人的站立形象塑造的。前南斯拉夫文化,大家一看就明白。华夏地区也有很多,一举出来就是四五千年以前的。商代以后批量出现这些文物,如河南安阳妇好墓即商代的王妃墓里出土的玉雕神熊(见图 24),其姿势居然和人的一样,坐在那里。

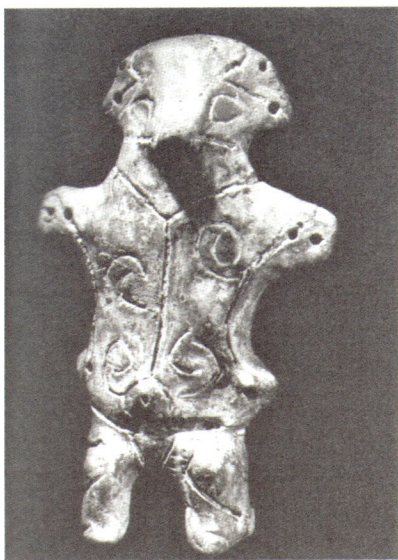

图 23　温加文化熊神陶塑

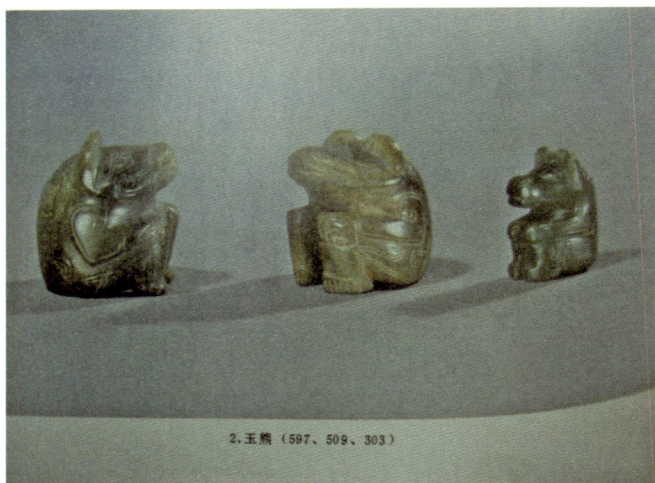

2.玉熊（597、509、303）

图 24　河南安阳妇好墓出土的玉雕神熊

女神文明去哪儿了？为什么今天文化记忆里面没有？因为在距今四千年前后被一个父权制文化战胜、征服、取代了。金芭塔丝认为，在欧亚大陆上有库尔干人，是游牧民族。游牧民族和农耕民族不一样，游牧民族逐水草而居，到处跑，到处打，尚武，所以要崇拜男性英雄。游牧族的父权制社会是整个欧亚大陆女神文明的克星。印欧民族在高加索山一带起源，散播到整个中欧、南亚、西欧、印度、波斯。游牧族群最大的特征是什么？就是不定居，其生活方式是机动性的，社会组织是机动性的，拉起帐篷就可以走。农耕民族有许多舍不得的东西，但是游牧民族没有这样的概念，所以其攻击性和战斗力非常强，如果和农耕民族对抗，基本是游牧民族取胜。游牧民族的祖先在华夏文明中是如何表达的呢？中华三祖当中有一祖是蚩尤，据相关文献记载，蚩尤十分厉害，因为他的武器最先进，率先使用了金属武器。古代打仗都是短兵相接，这一类武器跟金属相关。蚩尤的形象来自遥远的游牧文化，在一个汉画像石中看得非常明确，蚩尤就是手拿着金属武器的兵神（见图25）。对"兵"字有两种理解，一是打仗的人，

图25　汉画像石中的蚩尤执兵器图（汉代石刻）

二是战争的兵器。蚩尤可以成为兵神,太厉害了。对于农耕民族来说,游牧民族是一个外来的、先进的、使用金属武器的民族,虽然在我们的神话讲述中,蚩尤被黄帝征服了,但是在古老的民族记忆当中,他还是非常厉害的。汉代画像石给出的蚩尤形象告诉我们,金属武器和西部的文化运动有关,和西来的文化因素有关。《太平御览》引《龙鱼河图》说:"蚩尤兄弟八十一人,并兽身人语,铜头铁额。"这就是后人说的刀枪不入的意思。还有《云笈七签》卷一百说:"兄弟八十人,铜头铁额。"把金属的铠甲想象为来自西边的族群。古代有一个字"戎",就是一个人拿着金属的戈。今天的考古资料表明,最早的青铜器生产是在西亚到东欧这块地方,比我们早两千年左右。我们看到的最早的二里头铜牌,也不过四千年历史,西亚则是五千年以上的铜器生产。金属的武器和战马,以及马车,都是中亚那边传过来的。中亚过来,一定会经过草原地区,所以中国新疆地区先于中原进入铜器时代,尤其是先于中原进入铁器时代。铁器春秋之前很少,打仗都是用铜兵器,二里头文化的时候也没有太多的铜器。中亚是家马的起源地,商代以前,中国没有一匹家马。所有的马都是商周以后受西来文化的影响发展起来的。这样一看,蚩尤铜头铁额、金属兵器,都是中原人想象的西方强敌。

以上,我们是把华夏三祖文化归属给出一个考古学的解释。最后,第四个问题就是《越绝书》中一个重要的信息——黄帝时代的武器问题。《越绝书》是东汉时期的书,专门提出了上古兵器演化的四个时代。轩辕神农时代,那个时候兵器是石头的;黄帝的时候,以玉为兵;大禹的时代,以铜为兵;战国的时

候,以铁为兵。四个时代大体上按照年代更替而来,四种物质更替登场。很多神话传说,现在看来都是后人附会出来的,特别是关于黄帝铸鼎升天的传说,黄帝如果是五千年前的,那时根本不可能用金属铸造出大鼎。这个传说如果用四重证据法去考量,可以一票否决。这是后人想象追加到黄帝身上那个时代没有的东西。黄帝时代,以玉为兵,可信吗?现在看来非常可信,从石器到玉器,到铜器,到铁器,刚好是一个多米诺的延伸过程。新石器时代中后期,东亚先民筛选出了一种神圣化的石头,也就是玉石。这种玉石是不是用来做兵器?以前不知道,但是现在有大量的材料告诉我们,玉兵时代真的存在,恰好是五千年上下时批量出现玉兵器。《越绝书》中,一个名叫风胡子的人也说了这样的话,现在看来,其中真的是透露着大传统的文化信息,上古兵器的发展脉络是严格按照石、玉、铜、铁四种物质发生的顺序来的。

距今五千年的北方墓葬被打开了,在辽宁建平县发现了女神庙,也发掘出一批只用玉器做陪葬品的墓葬,并把这个墓葬的墓主人复原出来。2010 年世博会震旦馆,就塑造出墓主人的形象:头顶上戴着玉筒子,手上戴着玉环,腰上也是玉,手里拿着玉兵器——玉钺,代表着军权、司法权,象征着杀伐的权利(见图 26)。五千年前部落领袖就是这样的形象,是不是玉兵时代的完整再现呢?

杭州市外环路边有一个新建的良渚博物院,那里是五千年前的地方王国。良渚博物院用模特复原的方法,把当时的王和王后形象复原出来(见图 27)。良渚博物院想象的是黄袍加身,

图 26　红山文化玉殓葬——墓葬主人及复原图

图 27　良渚博物院复原的王和王后形象

但是当时的王哪儿有黄袍啊？但是他们手里面拿的玉器，都是
按照出土文物一比一的形制复制的，形制和尺码是一致的。脖

子上戴着的玉一串又一串,手腕上也是玉镯子,国君左手拿着一把玉钺。这是长江下游到杭州湾这一带的玉文化礼俗,中国南北方早在五千年前已经被玉文化统一了。玉兵的存在,为我们呈现出的实物,没有比这个更生动的第四重证据了。如果要问当代人能看到的玉兵器有哪些种类,玉钺是最早的一种,直接从石斧脱胎而来。要区分玉器到底是兵器还是礼器,就看玉器究竟是当年使用过的工具,还是没有使用过的礼器。要怎么区分?可以看刃部,如果是用来做工具的,刃部就一定有痕迹,但是如果刃部光滑的,没有使用痕迹,那就是礼器。实用器是斧子,没有实用的象征器叫玉钺,这就是中国人礼文化的源头。最早的玉兵器,主要意义不是杀人,而是权力的象征物。21世纪新的考古发现,呈现出两个完整的玉兵体系,都是以玉钺为主。戈的最早出现形式就是玉戈,二里头遗址出土的玉戈(见图28),距今三千多年。比这个更早的玉戈出现在陕西北部的石峁遗址,距今四千年。玉戈的时代,从五千多年前延续到距今三四千年前,也就是说在青铜兵器之前,华夏的玉兵器长期存在。如果黄帝、炎帝时代处在距今五千年上下,那么下面两

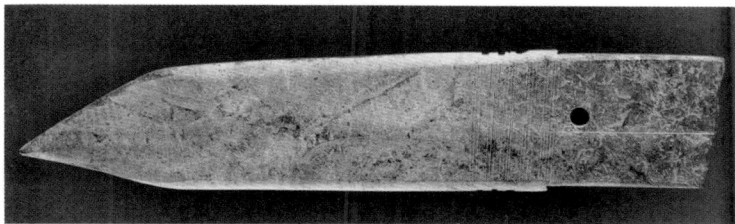

图28　二里头遗址出土的玉戈,距今三千多年

张照片(见图29、图30)中的墓葬都早于黄帝时代。要找到比黄帝更早的玉兵器,非常不容易。

这两张照片全都是21世纪以来在新发掘的墓葬现场拍摄的。前一个墓葬是关于河南灵宝西坡仰韶文化的,2004年被打开,距今五千三百年。灵宝西坡仰韶文化墓地一共出土了十几件大同小异的玉钺,仔细看全部都是用深色的蛇纹石玉料制成(见图29)。咱们说的好玉指透闪石玉,它在五千多年前的中原地区还没有登场。这些玉钺被做出来就是兵器形的礼器,玉兵时代的说法在中原史前的高等级墓葬中得到证明。当时一百个墓葬中,大约只有一两个墓出土了玉器,这些墓葬一般都是等级比较高的,代表着社会统治者阶层。

图29　灵宝西坡仰韶文化墓地出土玉钺

下面这张照片是2007年在长江边上发现的安徽含山县凌

家滩墓葬,和 2004 年发掘的灵宝西坡墓葬虽只相距三年,但是玉器的数量达到了惊人的数量,一个墓里出土了三百多件玉器,以玉钺为主(见图 30)。墓主人身下一片白花花的全是玉钺,没有一件是使用过的工具,都是权力和身份的象征,为死者来世到天国时使用。可见,玉兵器的时代不仅仅存在于华夏局部,并且从北方的西辽河流域,到华北的黄河流域,再到南方的长江流域、淮河流域,都出现玉文化统一的征兆,即被玉钺统一。一位统治者过世,当地臣民要制作上百件玉钺为他送葬,这个工作量有多大啊!从切割、下料、打磨、钻孔,要花多少时间啊!这就相当于五千三百年前中国的三峡工程。全社会为一个人服务,当时的社会显然已经贫富分化了。当看到安徽含山凌家滩 2007 年打开的第 23 座墓葬的时候,我们终于明白了四重证据为何能够证明风胡子所说的:"黄帝之时,以玉为兵。"只有活在 21 世纪的人才能看到,以前的学者见不到这个景象,

图 30　安徽含山县凌家滩 07M23 墓全景

甚至无从想象。

以上把炎黄祖先时代四个要点按照顺序讲完了,这里做一个简单的小结。把五千年前的脉络找出来,关于炎帝黄帝的传说,就逐渐得到了研究的背景。在这个背景下,尝试用四重证据去做判断,看哪些神话传说是靠谱的,哪些是后人想象出来的。"黄帝之时,以玉为兵",我们重点用南北方出土的文物做了说明,证明现在研究远古时代文化的方法已经与时俱进,可以解决前人的难题了。要把有限的精力,用在我们能够证明、呈现的材料上,走出文字小传统的拘束,可以对历史大传统做出全新认识。之前想看都看不到的东西,如今都已经摆在博物馆里面。为什么一开始就推荐两个博物馆呢?因为五千年前华夏人民是什么样子,文献记载根本就够不到。只有身临其境,回到五千年前的遗址上,才能明白华夏上下五千年不是白说的。

文明的脉络并没有中断,中国人现在仍喜欢玉,买玉、佩玉,这都是八千年前就传下来的文化,小传统的编码得到解读的根据。玉文化可以传播到全中国,就像宗教一样,这是深远的大传统。现在看全世界,真的没有多少民族的礼俗可以追溯到八千年前去,因为他们的礼俗一般都是以文字为标志。研究祖先神话,反过来超越疑古派对上古的怀疑,找到了史前期的历史真实景象。如果只依赖文字,被遮蔽的东西太多了,"历史",包括被文字叙事所遮蔽和遗忘的东西。第四重证据可以重建失落的文明史。

尧舜圣德
——中国圣人神话

叶舒宪

对上古的图腾神话和祖先神话,我们力求用最新的科学发现,将可以证明的东西展现给大家。过去讲尧舜就是尧舜,今天我们讲尧舜,要依据三个最可靠的考古遗址。一个是陶寺,一个是石峁,一个是喇家,都是最近一二十年有重大意义的考古发现。生活在二十多年前的人,基本上没有听过这些名字。今天,如果要讨论尧舜时代,没有比这些更有力的证据了。来自陕西神木县石峁遗址的两幅图像,一个是考古工作者在当地采集的玉人头像,一个是当地文物收藏家私人收藏的玉人头像,几乎是一个模子出来的(见图1)。有人提出了几个问题:中国对国家的想象为什么一定要和一种特殊的物质联系在一起?最早的中国是什么样子?聚焦四千年前的中国,看看尧舜时期

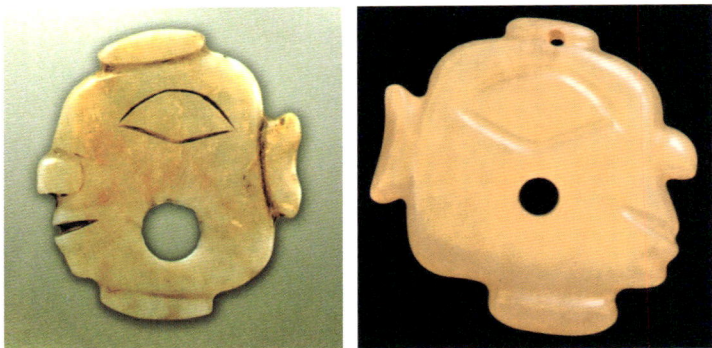

图 1　陕西神木县石峁遗址玉人头像

的文化遗留物在今天可以证明些什么。

　　关于尧舜时代，在历史上，是由儒家、墨家共同推崇出来的一个理想化的圣王时代。孔子赞美尧的话在《论语》中，大家都读过："大哉，尧之为君也"。春秋时代的人追溯华夏文明源头的时候，要说"祖述尧舜，宪章文武"。儒家的圣王历史谱系，就是六个圣人，尧、舜是其中的两个，有大禹治水的大禹，还有商汤、周文王、周武王，这六个人是儒家历史谱系中的四代六圣王，是儒家创始人心目中华夏的命脉，是最神圣的几位君王。孔子的话后人基本上没有异议，儒家定了调子之后，尧、舜的问题在历史上也没有什么可以怀疑的，杜甫的诗有"致君尧舜上，再使风俗淳"。那个时代是儒家记忆中理想的太平盛世，理想到什么程度呢？夜不闭户，没有战争，中国人想象的乌托邦都在那个时代。后来，诗人墨客提到尧、舜，都是称赞，伟大领袖毛主席同样写下"六亿神州尽舜尧"这样的诗句。在这一讲中，跟这个题目相关的新的研究成果，我列了五条文献，分别是《图说中华文明发生史》《中华文明探源的神话学研究》《尧舜禅让：儒家政治神话的历史建构》《尧舜传说研究》《世袭与禅让》。南京师范大学陈永超博士论文《尧舜传说研究》，专门对尧舜以来的神话传说做了分地域的系统考察。第五个文献的作者艾兰是美国学者、汉学家，她用结构主义的分析方法，专门讲述尧舜禅让的传说，非常有代表性。通过这五个材料，我们把尧舜神话的历史问题，放到了现在文史研究的前沿领域。

有关尧舜，最早也最权威的说法来自中国的第一部史书《尚书》，第一篇《尧典》，古时候还有《舜典》，但是失传了。也有人认为今天《尧典》的后半部分就是《舜典》，两位圣王的事迹都写在《尚书》的第一篇中。"格于上下""在璇玑玉衡""辑五瑞""班瑞于群后"，从这些文字，大家大约可以看清楚，四千年前的国家统治者最关注的是什么。"曰若稽古"是一开始的四个字，《尚书》的地位非常崇高，古代读书人基本上都能背，所有的背诵都开始于这四个字——曰若稽古。汉代有位解经家，为了注这四个字，写了十万字，因为《尚书》以难懂而著称。秦始皇烧书之后，《尚书》是汉人根据口传、背诵整理出来的，所以有很多问题。对我们来说，它是汉代人留下来的书写文献，记载的是儒家、墨家和其他诸子百家关于上古时代的叙事，是赞美之词。关于尧的四个字——"格于上下"，当今的人不太能理解。类似的文本，在古代也没有被怀疑，但是到了近代却遭到怀疑，认为《尚书》中夏商周以前的记载全部靠不住，是后来的人编造出来的。这种说法，是以顾颉刚为首的疑古派为代表，从20世纪20年代到今天，快一个世纪了。今天，史学的主流观点怀疑上古时代的材料到底是神话还是历史，我们专门用了一个词"神话历史"来调和二者之间的矛盾，神话不一定是假的，历史也不一定是真的，历史都是叙述、表达出来的，真的东西，只有当事人知道。神话历史如果变成了部分可以考证落实的学科，那么哪些东西可以考证呢？"格于上下"这个说法，我们用二重证据法，就会发现大量出现的证据。儒家的学习观叫做"格物致知"，写在《中庸》里面，"格"用现代汉语是无法理解的。金文中，"格于上下""格于皇天""格于百神"这样的叙事屡见不鲜。可见，《尧典》的叙事来源非常古老，这些文字一看，就不是后人能够靠想象编造出来的。二重证据指出土的文字，这是古人没有见过的，例如甲骨文、金文和竹简书、石刻文字等。金文中提俅的二重证据充分表明《尧典》中关于二圣王的记忆，首先讲的是君权神授的问题。政治不仅是行政的问题，一定有信仰中的天命所在，"格于上下"就是通神的含义。人间政权在地上建立，必然要解决天人合一的问题，这些语言从神话观念角度去看，逐渐可以读懂了。更重要的是，我们找到了古人是凭借什么东西，"格于上下""格于皇天""格于百神"。格字从木从各，"木"是伸向天空的树木，代表上下联通的意思，而"各"经常形容天上的云彩，是在天地之间可以沟通、交流、运动的表象。找到有关尧舜时代叙述中的"格"的答案，就会发现有些东西确实是值得重视的。

"在璇玑玉衡，以齐七政。肆类于上帝，禋于六宗，望于山川，遍于群神。辑五瑞。既月乃日，觐四岳群牧，班瑞于群后。"讲的是尧舜让位以后，舜登上了皇位。"辑王瑞""班瑞于群后"

这些字古代注解家注得非常清楚，"瑞"在古代汉字中使用频率极高，大家看看国人的花名册里面，取名字时经常叫瑞。为什么？因为可以"格于上下"，通于天地、神人。过去，不知道有没有这样的事情发生，但是现在，大概可以根据文物看出来，"璇玑玉衡"指的是北斗星。为什么"瑞、璇、玑"等字都和玉字旁有关呢？"璇玑"也有人写作"瑞玑"，所以古代的注解家认为它们都是玉器，是上古时期的玉璇玑。过去不太清楚什么叫玉璇玑，但现在从地下发掘出土的四千年前的玉璇玑，由山东半岛至黄河中游，均有发现。所以，尧舜时代的"璇玑玉衡"问题得到了实物的证明。

关于尧、舜，早在先秦时代就有尖锐对立的两种看法，我们所熟悉的是儒家、墨家的推崇、赞美之辞。尧、舜这两个人本来没有血缘关系，但中国历代王朝的统治者都是家天下。舜是一个农夫，在地里干活，因为德行高，美名传扬，就被尧选为自己的接班人了。尧的儿子丹朱却被流放，因为品行不太好。这个说法，成了儒家所推崇的禅让制度，今天也有人说，这是原始的民主制，只要品德高，就可以做帝王。儒家的推崇，实在是太多了，这里引了三条，一条是荀子说的："尧有德，干戈不用三苗服。举舜畎亩，任之天下身休息。"当时的族群，如果和华夏有冲突的话，就要干戈相见，但是尧因为德行高，不用打仗，其他的族群就都来拜服了。他自己在农田当中，把农民舜推举出来接替自己的王位，天下太平，这就是墨家说的"非攻"。古人的德行可以在这儿体现出来。所以，有人认为禅让是墨家创造出来的。下面两个看法，有可能大家不太熟悉。古书当中的记载有的互相矛盾，有人认为很好，有人认为很不好。《竹书纪年》说："舜囚尧，复偃塞丹朱，使不与父相见也。"这个说法表明，尧没有主动让位，而是舜篡位，并把尧囚禁起来，不让天子和他的儿子相见，皇权旁落到舜的手中。这种说法在古书当中也是一派之说，但是声音比较微弱，因为儒家和墨家的传播力太强大了。孔子的赞词说没有人比尧更伟大了，那么还有谁敢说不呢？再看《韩非子》的说法："舜逼尧，禹逼舜，汤放桀，武王伐纣，此四王者，人臣弑其君者也。"古代最大的罪过，莫过于"弑"，臣下杀了君王是大逆不道的，在韩非子看来，这四个人都是弑君者，逼迫君王退位，自己篡位。桀、纣王在史书中都被人骂得抬不起头来，但是韩非子竟然把尧、禹、汤看得和他们一样，这个说法也确实出人意料。

古书中的说法，其实都是站在道德学派的门户立场上争来争去，争不出所以然。尧舜时代如果比夏朝还早，那就是四千年以上了，那时候的政治到底是民主的，还是征战杀伐的，过去无从求证，今天则可以略有头绪了。我们运用的方法，是文学人类学的方法。文献的记载，可以当文学文本来看，但要用多学科的材料来证明哪些是靠谱的，哪些是后人虚构的，大致可以分为证实和证伪两个方面。在用四重证据法检验《尧典》时，如何证实？之前讲过利用金文中提供的二重证据，我们知道"格于上下"是通神的含义。在沟通天神时最重要的活动就是仪礼，而礼仪离不开圣物——瑞，也就是玉礼器这一神圣信物。"在璇玑玉衡，以齐七政"和"西王母献白环"讲的是舜继位后，天下太平，位于最西边的西王母来到中原，献上了吉祥瑞兆。

《管子》中记载"尧舜北用禺氏之玉而王天下",这些文献内容,现在看都可以证明是真实的,因为四千年前玉器已经出现了。优质玉料来自中原西部地区,运送玉石的基本是活跃在河西地区的不定居的少数民族,禺氏很可能是大月氏。证伪的就是尧舜禅让的说法,这应该是儒家和墨家共同的话语创造。有三个新近发现的史前遗址反映出四千年前中国的共同问题,就是暴力开始出现和升级。暴力的象征就是战争和防御,打起仗来,一定有攻有守。在距今四千年前后,中原地区大量出现了城池,修城墙完全不是为了和平的目的,而是为了防守。在证实和证伪两个方面,运用四重证据法,检验古书中的记事,就可以判断哪些是能够求证的,哪些是虚构的。尧舜禅让是儒家以仁义道德立场,谴责和掩蔽上古的暴力行为,成为儒墨诸子和史书秉承的价值观,将虚构的仁爱政治神话当成实际发生的历史,用来遮盖血淋淋的残暴现实。有关远古尧舜禹时代的尚贤世风和禅让传说,就这样被建构成真伪难辨的神话历史。什么时候被建构的? 就是春秋的时候,诸子百家兴起的时候。

今天讨论尧舜问题,可参考中国社会科学院考古研究所和山西省文物局专门在 2015 年 12 月 12 号举行的发布会上的成果。在山西南部的襄汾,有一个遗址叫陶寺遗址,所以发布会叫"陶寺遗址与陶寺文化"学术研讨会,发布会上的专家认定这里就是尧的都城。专家认为陶寺文化与文献记载的尧都有相当高程度的契合,该遗址的发现证明黄河中游地区在尧时期业已进入早期文明社会,已形成最初的中国。我要介绍的三个四千年前中国的遗址,一个在西北的黄河上游,一个在河套地区,还有一个在山西南部，这三个连起来，刚好是黄河的上游到中游。陶寺遗址的发掘在三个遗址当中最早，考古报告是在 2015 年 12 月正式推出的，命名这个地方为"尧都"。虽然是比较权威的机构发布的，但是还是有学术探讨的空间。尧舜到底在哪里建都？文献记载中是"尧都阳城"，"阳城"在古代地理上有多处地方，究竟在哪儿，说不清楚。现在根据考古发现，揭示出一个 280 万平方米的城，时间接近尧舜时代，空间接近中原，大家认为与"阳城"有相当高程度的契合，但也不是铁证，我们姑且把它当作考古发现中被证明的史前中原聚落中心。现在的山西省政府非常重视陶寺遗址，一定要把它打造成早期中国的王都。跟它相比，河南洛阳偃师的二里头遗址，过去被考古工作者认为是夏都遗址，现在该遗址的初始年代被考证为公元前 1750 年，就到了夏朝末年，够不上夏代早期了。陶寺遗址脱颖而出，毕竟它是距今四千年以上的大城。

2007 年我们前往陶寺遗址（见图 2），这个地方发现了宫殿、高等级墓葬，各种礼器、乐器、鳄鱼皮做的鼓，批量生产的玉礼器，还最早发现了中原青铜器，这儿确实有重要性。陶寺遗址在哪儿？黄河像一个"几"字一样，拐了一个巨大的弯，从内蒙古中部南下，中间是壶口瀑布，一直到陕西华山脚下，被华山挡住，不能往下流了，又拐弯九十度，一江春水向东流去。山西的位置刚好在"几"字的东方，古人有云"三十年河东，三十年河西"，指的就是隔黄河相望的秦、晋。陶寺遗址刚好就在河东，黄河的支流汾河的边上。这张地图上有五个方框，指的是三千年以前黄河上游地区在考古学意义上的文化分布。这些史前

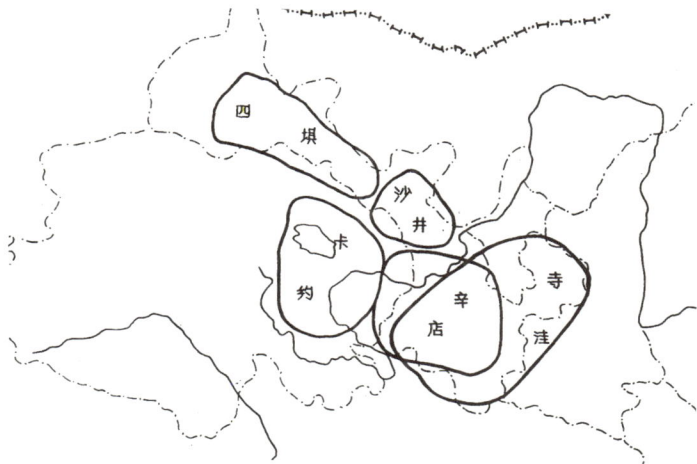

图2　陶寺遗址及其文化地理位置

文化跟中原文明是什么关系？尧舜时代的中原文化和西北的
史前文化是什么关系？这是我们非常关注的几点。如果说有
关系，最好的纽带就是黄河。

2007 年，我们去现场调研，采访了陶寺村的村干部。这个地方为什么被考古专业部门确定为尧都呢？主要是因为当地的尧舜神话传说流传很广，更重要的是在当地还有一个尧庙（见图 3），是清朝修建的，但是它最早的修建历史，应该还可以上溯。也就是说，古人是在这里纪念尧。尧庙今天也是旅游景点，是旅行团的必到之地。尧庙所在的地方，挖出了四千年前的城池和墓葬，特别是有一个观星台的遗址，考古工作者认为这个地方代表着中原王权的崛起。陶寺遗址的年代是公元前 2300 年到公元前 1900 年，如果是一个朝代，大概是四百年时间。尧舜在位加起来有多长时间？中国皇帝在位最长的是乾隆，坐在皇位上是六十年。相传尧在位是七十年，你们信吗？朱熹专门考证说尧在位六十年，退位以后观天下二十八年，这

图 3　尧庙

一加,尧活了一百多岁,显然,这是神话传说了。陶寺遗址的时代前后有四百年的时间,如果要算,真的是一个朝代,但传说中的尧舜时代加起来也就是几十年。所以,历史和考古之间还是有巨大的缝隙,还需要继续探讨,寻找新证据。

刚才说的有关尧舜的叙事文本中,今天能够考证的就是"瑞"的问题。什么叫"辑五瑞"和"班瑞于群后"?所谓五瑞,就是五种玉器,这些玉器能够充当人和神之间的约定。基督教有《圣经》,其《旧约》《新约》都指人神立约,要写在白纸黑字上。中国不用写字,拿着圣物,就等于和神约定了。周代的玉器在周礼里面叫六器,也就是"玉璧、玉琮、玉圭、玉琥、玉璋、玉璜",六种不同的几何形状,象征着不同的意义。全中国发现最早的圭就是陶寺文化中的一件(见图4),也有一种说法,认为圭是从

图4 周礼之源——执璧秉圭

尧舜圣德

137

玉斧、玉铲的形状中脱胎而来的。从这幅图能够看出四千年以上的实物圭确实存在。玉礼器之名被记录在西周的文献中,但是器物却不是西周人发明的,西周距今才三千年,玉圭是来自史前文化。史前的玉圭一经考古发现,大家就知道《周礼》里面写的所有的器物并没有虚构,其渊源大都非常久远。图4中展示的两个玉器一般是看不到的,它们是由中国社科院考古所山西工作队发掘出来放在北京王府井考古所库房里面的,只在建国六十周年的时候拿出来展示了一下。这样的玉礼器,我们把它叫做第四重证据,是最值得关注的部分。

六种玉礼器中,往往和玉圭共同使用的是玉璧,尤其是在西周早期文献中,圭和璧是组合在一起的。玉璧,因为有"完璧归赵"的故事,读过书的中国人都知道它。这个故事发生在战国时期,距今两千多年。有一件距今四千三百年的玉璧(见图5),比和氏璧早了一倍的时间,在山西博物院展出,是陶寺遗

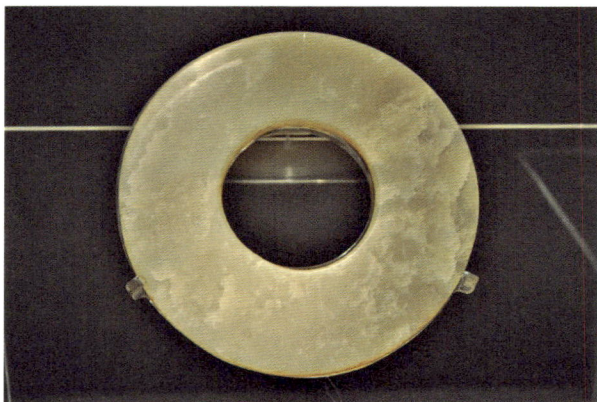

图5 玉璧,距今四千三百年

址出土的玉质最好的一件玉璧。如果对玉文化有了解，大家可以看看它是什么玉质。虽然四千多年过去了，还一直在土里面埋着，但是它被发掘出来仍然像新的一样，玉体中的内部结构特征——玉棉，看起来非常清楚。一般人认为它是和田玉，因为和田玉的玉棉是最清楚的，其他的玉料没有如此突出的特征。

　　陶寺遗址挖出了这么好的玉璧，确实不能怀疑尧舜时代的文化中心就在此。尧舜是不是存在，我们没法证明，但是那个时代礼仪制度已经存在了，这是不需要证明的。刚刚说的"璇玑玉衡"实在是太简短了。有一位考古学家也算是权威，他认为其实不是什么璇玑，而是玉璧上面长了牙齿，给它换了一个名字，叫"牙璧"（见图6），但是我们不认同这个说法。它确实是一个玉璧，但是上面和螺旋一样，还有齿轮一样的东西，实际上这样雕琢的细节是为了告诉人们，它是特殊生产的，是符号标

图6　陶寺出土玉璇玑(山西博物院)

记物。一般用来当工具的东西根本不会雕琢这样的齿轮，它是神圣的礼器。古代天人合一，要观天象，所以古代人用玉器、铜器做测量是完全可能的。陶寺出土的玉璇玑，毫无疑问证明了《尧典》里面讲的尧舜时代观天象、授民时的说法都是有根据的。

"瑞"在《说文解字》的解释是"以玉为信也"，一是人与人之间立信，二是人与神之间立约。如果问哪一个更重要，那么一定是"格于上下"的更重要，人间的信用来自天神，来自信仰。"掌玉瑞器之藏"，这是《周礼》中的说法，注解说："符信也，人执以见曰瑞。"不同的政治群体彼此相处的时候，要靠玉器建立良好的关系。玉瑞是结盟关系的物证，如果你手上没有这样的信物，就会引起冲突、要打仗。玉瑞是史前时代筛选出来的天神给人间的信物，用《礼记》的说法，是"以圭为瑞"。上朝的时候，大家手上都要拿一个板，那就是由玉圭演变出来的。关于"瑞"组成的词组，有瑞珪（天子赐的作为凭信的圭玉）、瑞节（玉节）、瑞令（符命）、瑞玉（玉制信物），都是和瑞有关的。这些事物都反映了"瑞"这个字的本意，如果用"瑞"的引申义，就变成了吉祥之兆。"瑞"的第二个意思是指吉祥的事物或征兆，"世间谓之圣王之瑞"，这是《论衡》里面的说法。《墨子》里面说："禹亲把天之瑞令，以征有苗。"天神给了禹一个瑞令，禹才有权力去征讨杀伐。"班瑞"的"班"是分发的意思，尧舜时代建立王权后下面还有地方政权，怎么办呢？一人分上一块玉，合起来是完璧，分开了就是玉璜。多联璜玉璧这种形式，只有黄河中游到黄河上游才有。上海所在的长江下游也有玉文化，五千年前就出现了,但是没有出现多联璜玉璧。陶寺出土的多联璜玉璧,非常明确的说明了大家认物不认人,什么是信物、结盟,看手上拿的玉就明白了。有五联璜玉璧,还有三联璜玉璧,最少的是二联璜玉璧(见图7)。这种形式的分发,就是"班瑞",把每一片给每一个下属,合起来就是一个王权共同体。

图7 多联璜玉璧

以上是我们利用考古新发现,利用以陶寺为主的玉礼器的情况求证《尚书·尧典》中哪些成分是可以相信的。

证伪的这一部分,现代学者都不信禅让的传说了,也不用多费口舌。更重要的是在陶寺这个地方发现了四千年前的社会特征,那是一个充满暴力的时代。我引用一篇论文,叫《也谈尧舜禅让与篡夺》,被编在 2007 年出版的《襄汾陶寺遗址研究》中,这本书是一个论文集,全是考古工作者的研究成果,主要是通过在墓葬、宫殿的发现,说明当时的社会非常不太平。第一,陶寺中期的城墙被晚期遗存叠压或打破,这个城被攻破了,又重建了,说明在该地有战争。第二,陶寺中期的被毁建筑上堆积着陶寺晚期的垃圾,原来皇宫所在地变成了垃圾堆,说明宫殿被废弃了。第三,陶寺中期的灰坑中充填着身首异处的几十具尸骨,其中多数为青壮年,这个景象令人发指。第四,一具35岁左右的女性骨架,被折断颈部而死,并在阴道部位插入一只牛角。考古学家把这作为暴力虐待敌方妇女的铁证。第五,陶寺晚期文化层压在中期的小城祭祀区之上,就是后代铲平了前代的宗庙。第六,M8棺内墓主人骨被损毁和移位,M22棺下扰坑有随意抛弃的人头骨5个。看了这个情况,要是没有比较也不好说。在陶寺文化之前,距今五千年到六千年,中原的文化叫仰韶文化,没有高大的城墙,聚落周围只有防野兽的壕沟,一看就知道那个时代是相对和平的。英国著名的社会学家吉登斯,有一部代表著作名字叫《民族-国家与暴力》,认为民族国家就是建立在监狱、警察、军队的基础上,一定会使用暴力。所以,陶寺的发现,是中原比较早的与城市文明兴起相伴生的现象。在这种社会现实的基础上,会不会出现一个王者要退位,就去农田里面找一个农民接替呢? 可能性非常小。

除了陶寺遗址以外,从河东到河西,相聚几百公里,偏北一些,快到河套地区的地方,也发掘出了巨大的城池,而且后来居上,那就是石峁遗址。神木县的石峁遗址2011年开始正式系统的考古调查,2012年发出简报:在这里找到了中国史前最大的城。陶寺280万平方米已经很大了,石峁城则有四百多万平方米,比陶寺大很多,而且也是出土了大批的玉礼器,在距今四千三百年到一千九百年之间。这是神木县博物馆展出的玉器(见图8)。

图8　石峁遗址玉器(陕西神木县博物馆)

　　如果要问神木县在什么地方,黄河划分了陕西、山西两个省,顺着陕西一边的河岸就能找到。陕西中部还有一条大河,是黄河最大的支流,成语"泾渭分明"当中的渭河就在这儿,河的南边是秦岭。陕西历史博物馆呈现的,距今四千年以上的,陕西出现的史前遗址的分布情况,看下面陕西龙山文化分布图(见图9)。让我们惊讶的是它和今天的陕西不一样,今天陕西的关中平原较为富足,陕北、陕南都是小米加步枪,比较贫穷的地方。但是距今四千年以上的遗址,基本上都在陕北地区,关中比较少。四千年以前,陕西北部地区为什么密集地分布着这些龙山文化的遗址呢? 这反映出文化的大传统和小传统之间有巨大的错位。

　　神木县石峁遗址靠近陕西北部。刚刚说到的玉璇玑,这里也有(见图10)。玉璇玑只有在中国的黄河流域才有,说明北方政权建立背后确实有统一的玉礼文化的传承。在石峁城,玉器

图 9　陕西龙山文化分布图

数量比较多，但是据推测，在当代流失的大概就有四五千件。今天，在陕西历史博物馆有一个展示专柜，黑黑的玉器，一尺多长，用料非常多，确实是比较惊人的现象。玉璋、玉铲，都可以被看作是兵器和礼器，带刃部的（见图 11）。这些器物，当时为什么要批量生产和使用呢？究竟代表什么意义呢？它们是我们回到相当于夏朝的这个时代找到的最好物证。还有穿孔玉刀，在黄河流域、长江流域都有（见图 12）。在安徽合肥的安徽省博物院，放着一把巨大的玉刀，跟穿孔玉刀的形制非常相像。当地出土了这么多玉刀，到底是切割用的，还是礼器？现在看来，礼器的呼声比较高。因为在神木县还发现了一个新华遗

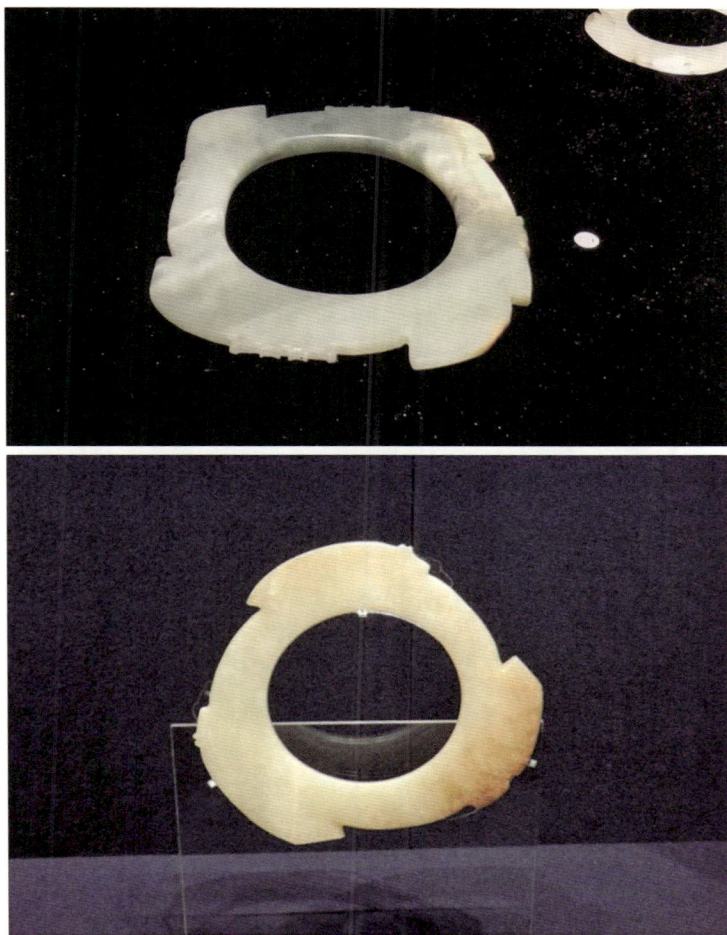

图 10　石峁古城出土玉璇玑

址,该遗址的一个祭祀坑里面有三十六件玉器,成排插在地里,中间还有禽鸟的尸骨,一看就是祭天的遗迹。天神和人的中介物,就是这些东西。

图 11　石峁遗址玉璋、玉铲

图 12　玉礼器穿孔玉刀

表1　玉教信仰支配的中华大传统编年史体系

玉石神话 1	珧蛇珧玉神话:玉玦、玉斧	距今 8000 年
玉石神话 2	虹龙神话:玉璜、玉锛	距今 7000 年
玉石神话 3	王权神话观:玉钺、玉圭	距今 6000 年
玉石神话 4	黄帝食玉神话:玉英、玉璧	距今 5000 年
玉石神话 5	尧舜班瑞神话:玉璋、玉戈	距今 4300 年
玉石神话 6	夏禹玄圭神话:金玉组合礼器	距今 4000 年
玉石神话 7	商纣王天智玉神话	距今 3200 年
玉石神话 8	姜太公钓玉璜神话	距今 3000 年
玉石神话 9	周穆王昆仑访玉神话	距今 2800 年
玉石神话 10	楚王得知氏璧神话	距今 2500 年
玉石神话 11	秦昭王求和氏璧神话	距今 2300 年
玉石神话 12	秦始皇传国玉玺	距今 2200 年

注:本表格来源于《中华文明探源的神话学研究》,社会科学文献出版社,2015.

　　以上已经通过华夏文明的探源,把跟玉器相关的神话排列成了一个表格,从最早有玉器的时代开始,到秦始皇建立统一帝国用一个象征物——传国玉玺为止。这样看来,华夏王权的象征物从公元前 211 年到公元 1911 年,一直没有变过,一直是一个东西。在玉玺之前,还有许多玉礼器都被作为权力的象征。所有这些传说,过去都分不清楚是真是假,现在看来应该全部是真的,因为所有的玉器都被考古发掘出来,而且还出现了一大批今人叫不出名字的玉器。玉礼的繁复超出了文字的记载。文字应该是筛子,筛出一部分留下来,但是筛漏的都被我们遗忘了。想要回到尧舜时代,更重要的不是看儒家、墨家的说法,而是看四千年以上的文物。通过这样的谱系,大概可以把古史中王权、统治者跟玉礼相关的叙事完整地还原，这些时代确实是可以考证的。

问题也随之而来：山西当地从古至今没有发现玉矿，陕西北部也没有，那么史前时代河东、河西共同使用的玉料是从哪儿来的？是"玉出昆岗"，昆仑山在新疆，从新疆到中原相隔几千公里，可能这么远运输玉料吗？为了证明"玉出昆岗"，文学人类学研究会组织十次田野考察，主要的调研就是围绕着这个疑难问题展开。可以肯定的是，古代中原国家的玉器生产主要来自西部的资源。《山海经》里面讲到的昆仑山又叫玉山，西王母所在地是瑶池，这些都是和玉联想在一起的。刚才讲，《管子》中记载的尧舜时代建立王权的秘密，就是"北用禹氏之玉"。讲的是玉石来自北边，虽然尧舜的王权是在中原建立的，但象征王权的玉名显然是来自北边的。未必直接来自北边，也有可能是来自西部，从内蒙古那里南下来的。将"玉出昆岗"的概念和黄河中游地区发现的四千年以上的玉礼器文化群并列起来，可以看出一个现象，玉料的来源基本上不是就地取材，尤其是刚刚看到的和田玉制品。不要说在山西，在青海以东的地区都没有发现这么好的玉料，所以我们要寻找玉石运输的线路。在尧舜时代，只有管子那一句话，但是在周穆王时期，对西玉东输现象有着完整叙事的就是《穆天子传》。西周的统治者离开中原去昆仑山，名义上是去拜会西王母，实际上是去采集和田玉。《穆天子传》里面有四个字——载玉万只，西周以后，玉石之路已经开通，主要是沿着黄河和它的支流行走，不是今天人们在地图上想象的，从洛阳、西安向天水、兰州的丝绸之路。古代没

有这样的路线，古代有的路就是周穆王走的路。先过黄河到山西，出雁门关到河套，再顺着黄河的方向向西走。因为古人认为黄河的源头就是昆仑山，这个信念叫"河出昆仑"，所以后人坚信，昆仑山有两个源头——美玉的源头，中原人饮水思源的源头。

河西走廊这条路，大概是在距今四千年前后打通的，更早的路有没有？有，但是文化交往是很零星的，没有意义。四千年前后，开始有了文化传播运动，今天华夏文明中的很多重要成分，都是自四千年前打开的河西走廊带进来的。排名第一的就是黄金，中国人向来是金玉并称的。中原原本是没有金的，中国境内考古发现最早的一件金器，出土地点在河西走廊的玉门市，当地叫火烧沟遗址。由此可见，黄金是从哪儿来的？是从西亚、中亚、新疆，沿着河西走廊传播进来的。草原民族特别喜欢金器，所以《史记》中记载的匈奴人和华夏人最大的区别就是华夏人喜欢玉，秦始皇只用玉器来象征权力和统一，而匈奴人是用金人来祭天的。今天的草原文化发现了大量的贵金属，贵金属的传播和河西走廊有关。还有我们吃的小麦，仰韶文化等遗址，都没有发现小麦，只有到龙山文化才发现，四千年上下的这个时代非常值得记忆，因为就是这个时候，河西走廊开通了。世界上最早的小麦培育，出现在今天的巴勒斯坦到土耳其一带，距今一万两千年。中国人吃麦子和该地区相比，差了八千年，这八千年都用在小麦由欧亚大陆腹地向东传播上，像多米诺骨牌一样，一段一段传过来。可想而知，河西走廊对于了解中华文化多么重要。

通过尧舜时代玉礼器文化的线索,刚好把黄河上游和中游连成一体。过去考察尧舜的问题,眼睛全部盯着中原,不是山西南部就是河南西部,一定要在这些地方找到夏商周最早的王权所在的证据。现在看来,考古发现纠正了思维偏见,让我们走出了中原中心主义的误区,看到了随着黄河水流的西北史前文化对中原文化的作用。有一幅玉琮分布图是良渚博物院绘制出来的(见图 13),玉琮是由南方史前文化发明的,发明者就在环太湖到杭州湾一带。在四千年前后,玉琮已经把中国北方统一了,在地图上标出来出土距今四千年上下的玉琮的地方,大概可推测出基本上是沿着黄河而来的。

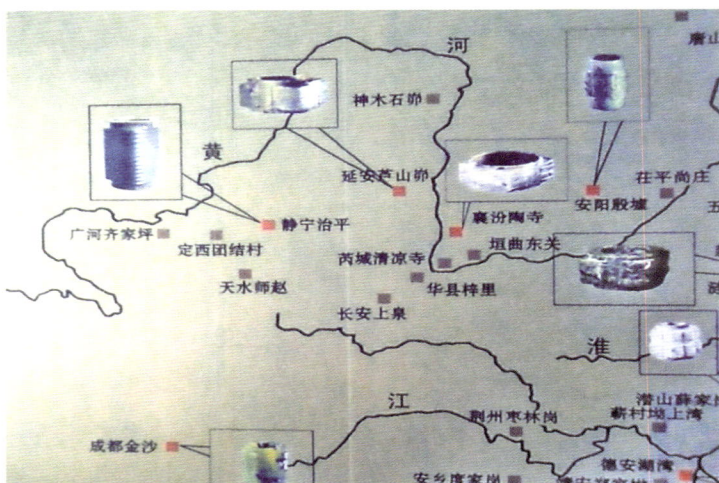

图 13　良渚博物院绘制的玉琮分布图

玉琮不仅不实用,而且用料还非常大,这么大的玉器,中间还要完全钻成圆孔,确实不可思议,不知道古人是怎么做的。

古人为什么要费这么大的力气去做这个东西呢？古人说天圆
地方，外方内圆的玉琮代表神权。玉琮实际上的功能也就是格
于上下，是代表王权的圣物。玉琮在西周之后不见了，不生产
了，也不使用了，这就是古代留下的史前到夏商周时代的玉礼
器。当把华夏文明的源头和使用玉琮的史前文化看成是一个
玉礼文化共同体的话，情况就比较明确。有一件在静宁县出土
的玉琮，放置在甘肃省博物馆，这一件器型很大，用玉精良，一
看就是和田青玉（见图14），还用了切磋琢磨的方法，磨出了"瓦
沟纹"，这在古代非常难做，代表了当时最高的工艺水平。四千
年前，史前文化批量生产、使用玉琮，陶寺文化也有，这就说明

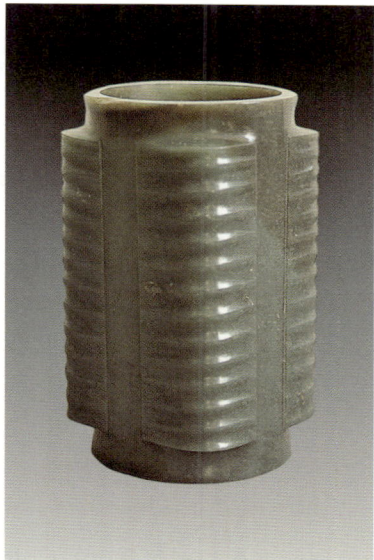

图14　玉琮，藏于甘肃省博物馆

黄河上游到中游的史前文化，是彼此关联在一起的。玉璧在甘肃非常常见，因为甘肃离玉的原料产地最接近，就地取材十分方便，使得它生产的玉礼器数量大大超过了中原地区。定西众甫博物馆是一个私人博物馆，馆长自己收藏的玉璜达上百件（见图 15），比国立博物馆要多很多。

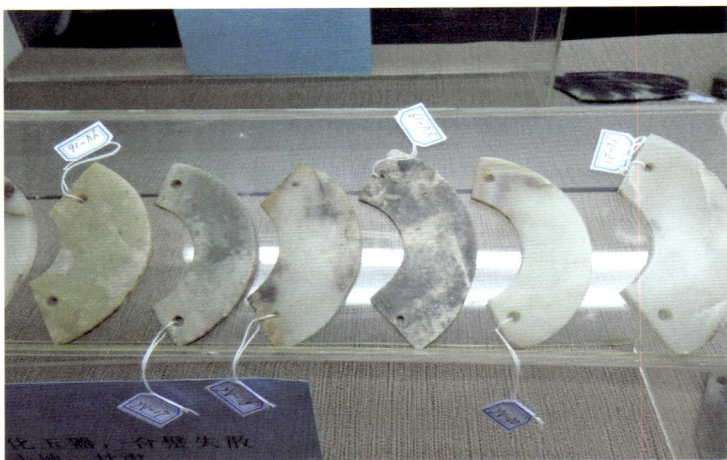

图 15　定西众甫博物馆的玉璜

通过玉石之路的问题，我们要把新疆、中原看作是一个文化共同体，资源在新疆，消费在中原。新疆本地人不使用玉这个资源，少数民族没有玉礼文化传统，对他们来说，玉就是石头。但是几千里外的华夏人，认为这里有最好的玉，所以要不惜一切代价打通这条路，希望可以从这里源源不断向中原输送玉。丝绸之路是根据德国人李希霍芬 1877 年的叫法。鸦片战争之后，外国人才能进入中国，最早来的人有地质学家、学者、

历史学家。西方人自己不生产丝绸,在西方丝绸的价格比黄金贵十倍,他们不知道丝绸哪儿来的,只知道来自东方。德国地质学家李希霍芬到河西走廊走了一圈,发现新疆和中原连着,新疆和中亚连着,中亚和地中海连着,于是,这条路就被他称作丝绸之路了。丝绸之路是外国人命名的,那么这条路是什么时候开通的呢?这位德国人根据司马迁《史记》当中记载的张骞通西域事件,也就是公元前138年,认为在这个时候丝绸之路开通了,距今两千一百多年。我说这条路的中国段,四千年前就开通了,到了距今两千年上下时,早已经是轻车熟路了。

中华文化的起源期有两个重要的文化传播现象,用八个字来概括,一叫东玉西传,二叫西玉东输。从尧舜时代为何使用玉石做信物和礼器的问题,基本上可以得到理性的解答。所谓东玉西传,就是中国的玉文化起源于东北赤峰地区,距今八千年,沿着东海向南传播,一直传到了广东、台湾、越南。中国东部地区先被玉文化覆盖,接下来向中原、西部传播,这个过程叫东玉西传。八千年前东北就有了玉文化,四千年前才到了甘肃武威,也就是河西走廊中部,用了几千年时间传播玉礼文化。更重要的是第二波的文化传播西玉东输,玉文化一旦传到了河西走廊,那一头接着新疆,最好的玉就进来了。史前时代所有的玉器生产,基本上都是采用当地玉料,夏商周以后则用西域的优质玉料,地方玉的价格一落千丈。因为玉过去是统治者用的,他们只认新疆昆仑山的美玉是最好的玉。王权使用的玉礼器,都是专业的玉工来做的,玉质的好坏他们可以分得很清楚。这条西玉东输的路径一旦开启,从齐家文化算起,距今四千年上下，比德国人说的丝绸之路要早一倍时间。

还有比新疆玉料输入中原更早的运输玉的现象，所运的不是河西走廊以西的玉料，而是河西走廊以东的玉料。河西走廊以东，我们调研新发现了若干个古代的玉矿区。新疆玉进入中原大概有四千年历史，甘肃当地的玉输送中原大约是五千年的历史。这就是我们今天得出的中国玉文化历史上的两个阶段，一个是玉礼文化，是崇拜和信仰，认为玉代表天神，所以要大量生产、使用，制作玉礼器。接下来，就是在玉原料中筛选出了和田玉，出现了和田玉独尊的现象。现在市场上的玉，如果是辽宁岫岩的，大概是十块钱一斤，如果是和田羊脂白玉，大概是两万一克，一算就知道了，都是玉，价格却千差万别，这不是某一个人造成的，而是四千年的文化传统造成的。

陶寺之后是河西的石峁，当地发现的史前城墙建筑十分讲究，是把就地取材的石头块当成砖，累成城墙，当地百姓就在下面耕地。有人问，他们就说这是长城。陕北确实也是秦汉长城覆盖的地带，也有明长城，老百姓分不清楚是什么时代的长城。2011年，考古队过来调查，想要检测一下，就采样石头缝里面的木料回去做碳十四检测，一检测出结果，人们都惊呆了，石峁城距今四千三百年到四千年。这个城十分讲究，有外城，有内城，还有瓮城。城门外面还有半圆形，把敌人放进来，将瓮城的口一扎，在城墙上就可以收拾入侵者，"瓮中捉鳖"了。四千年前的城墙，具备今天我们知道的一切防御设施，这个城确实是惊人的考古发现。四千年前的城，石头当砖，土也当砖，木料当钢筋。但有一点，今天人想不到，那就是石头缝里面还穿插着玉器,这是最令人惊奇的现象(见图16)。这个城非常宏伟,天晴的时候在陕北高原相对的制高点,几十公里以外就可以看到。沿着山坡修筑起来的城墙,外城、内城守护着四千年前的王权。

图 16　四千年前河西石峁史前城墙建筑

尧舜圣德

这个城墙宽的地方有几米,工程量巨大。秦始皇能打天下,不能守天下,秦朝十几年就没有了,原因体现在孟姜女哭长城的事件上,秦始皇把天下的劳动力都抓过去了,国力就衰退了。石峁城规模这么大,要用多少劳动力啊!

这个地方现在人烟稀少,我们根本不知道四千年前是怎样的生活景象。该城东门有山墙,山墙倒塌了,里面的石头缝出现了六件玉器(见图17)。当时盖城的时候玉器就穿插进去了,这个现象令人十分费解。夏朝有一个传说,夏桀修建了瑶台和玉门,没有人知道这到底是什么样的建筑,今天看到的石制玉门,中间放的是玉器,所以很可能指的是这一类。石峁的新发现让我们看到,这些玉料有的近似和田玉,大部分来自甘肃,顺着黄河和黄河的支流而来。

图 17　石峁考古出土的六件玉器

　　石峁遗址还有一个惊人的发现,就是发现了批量的人头骨奠基。2012 年发现一个坑有二十四个人头骨。在建城的时候,为了取悦地神,一旦动土就要向土地神谢罪,或献牺牲,或献玉器,就像今天有的少数民族盖房子,还有用银币或玉器奠基的。石峁城当时用二十四个年轻女人的头骨献祭,这些头骨全是女性的,而且全是年轻的,这说明父权制社会已经建立了,牺牲者全都是女性。2013 年 4 月,中国文学人类学研究会联合中国收藏家协会在当地召开"中国玉石之路与玉兵文化"研讨会。这里出土的许多玉器都像兵器一样,是带刃的,这些玉器到底如何集中出现在这里? 玉料来源又是怎样的? 为了回答这些问题,我们组织专家在会议上讨论。《玉成中国》是该会议的论文集,研讨会主要看西边的玉是经过什么路线传到中原来的。央视有一个年轻的导演把会议全程记录,拍出纪录片《石破天惊石峁古城》。如果大家想了解四千年前的中国是什么样子,这应该是最新的活教材,前两集是讲石峁遗址的,后两集是讲石峁玉器的。

　　在这次会议之后,我们启动了非常广泛的、详细的玉石之路路线调查。从山西的雁门关起步,沿着河套地区、河西走廊的两侧,到新疆的最西端,基本上覆盖了中国西部的七八个省区,大概一百个县市,哪里出玉,特别是有古代玉礼文化的,都要采样或拍照、作报告。经过这样的系统调查,如今大致可以知道中原以西什么时候可以交通,哪些路线可以交通,理论上则提出了玉文化先统一中国的问题。根据玉礼器在距今四千年上下分布在各地的情况,认为这是一个类似传教的文化传播过程。关于玉的信仰是哪儿来的? 发源于八千年前,中国北方的玉礼文化像星星之火一样，逐渐扩散，到距今四千年上下时，抵达广东的珠江流域，这样中国大部分地区都被覆盖了，只有青藏高原和新疆没有被覆盖。现在我要讲三个玉琮，一件是广东韶关出土的距今四千年前的玉琮（见图 18），一件是河西走廊的（见图 19），还有一件长的，也是新发现的，在今天的成都市金沙遗址出土（见图 20）。所有这些器物的出现表明玉礼文化已在中国大地上四面传播，玉礼文化所在之处形成了我们后来知道的夏商周玉礼文化。孔子曾经感叹："礼云礼云，玉帛云乎哉！"古人说的礼离开了玉，就好像失去了主心骨一样。距今四千年的牙璋——也就是一尺长左右的大件玉器在中国的分布情况（见图 21），基本上是南北方全部覆盖的，说明玉礼文化能够像传教一样，不胫而走。尧舜建立的那个朝代，一定是在玉礼文化的基础上孕育出来的。

新石器时代石峡文化

新石器时代石峡文化。兽面纹玉琮，高4.4厘米，边长6.7厘米，内径5.7厘米，1975年广东曲江石峡墓葬出土。现藏广东省博物馆

图 18　广东韶关出土的玉琮，距今约四千年

图 19　河西走廊出土的玉琮

图 20　成都市金沙遗址出土的玉琮

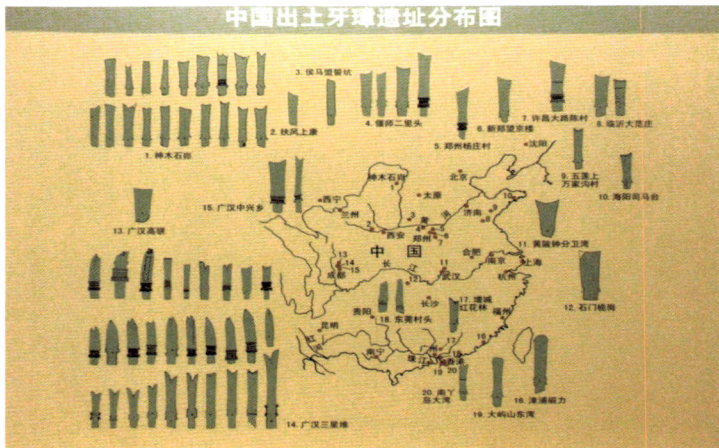

图 21　中国出土牙璋遗址分布图

　　以上三个遗址讲了两个，还有一个喇家遗址。这个遗址也是 21 世纪的新发现，在青海民和县，一个叫喇家村的地方，是少数民族聚集区，就在黄河边上（见图 22）。刚刚看的石峁遗址，在黄河的支流，紧挨着黄河，喇家遗址也是如此。考古得出的结论就是由于黄河泛滥，史前文化被淹没了。喇家村原本是青海边缘地区的小村，21 世纪初，一批考古工作者路过这里，他们在村子里面歇脚，发现孩子们在滚铁环，他们一看，铁环不是铁的，是玉璧，而且不是新的，是几千年前的老玉器。他们就去老乡家问这个东西是哪里来的，老乡们说经常是田地里一挖地就挖出来了。于是，在这个地方就发掘出一个史前文化遗址，它所属的文化是齐家文化，广泛分布在甘肃、青海一带。喇家遗址应该是迄今为止青海地区发现的最重要的遗址之一。黄河

图22　喇家村

的对岸就是积石山,相传是大禹治水起步的地方,文献的说法是"导河积石",黄河在古代只叫"河",大禹治水,河这一边是甘肃,另一边是青海。在大河家渡口,我们看到了喇家遗址中的惊人现象,该遗址出土了批量生产的玉礼器,基本上和石峁遗址一样,都是素器,什么纹饰也不刻,都是几何形状。青海博物院展出的玉刀(见图23),也是这里出土的,最长的有六七十厘米,要是下料,需要巨大的一块玉料。古人在这个上面做文章,到底是为什么?

　　通过喇家遗址可以大致了解西部的齐家文化,距今四千一百年到三千五百年,大概持续了六百年的时间,其最大的文化特征就是大批量生产、使用玉礼器。我们怀疑当时的人,每个

图23　穿孔玉刀(青海博物院)

人身上都挂着玉器，类似于今人的身份证。当地的玉材比较多，甘肃新发现的玉矿出现了接近和田玉的优质玉料，我们过去都不知道。西北地区的史前玉礼文化曾经辉煌一时，跟商周在空间上十分接近。关于夏朝的起源，古书上一再说"大禹出西羌"，中原人认为西边的人是不种粮食的，羌民族是牧羊的民族，华夏文明当中一半的人都是由进入中原的羌族转化而来的。"大禹出西羌"的说法非常重要，指示着夏文化的来源和西部有关系。西北的这个史前文化没有文字记载，为什么后来中断消失了呢？喇家遗址给出了令人信服的说法，那就是这个地方遭遇了八级左右的地震。当时的人住的是窑洞，和今天陕北农民住的窑洞是一样的，一地震，窑洞就塌下来了，大家看图片中这个母亲怀里抱着孩子，眼睁睁看着窑洞顶塌下来，被活埋了。这个人体的骨骼，用扫描技术就能看到是一个母亲在地震来临时护着自己孩子的姿势（见图 24）。

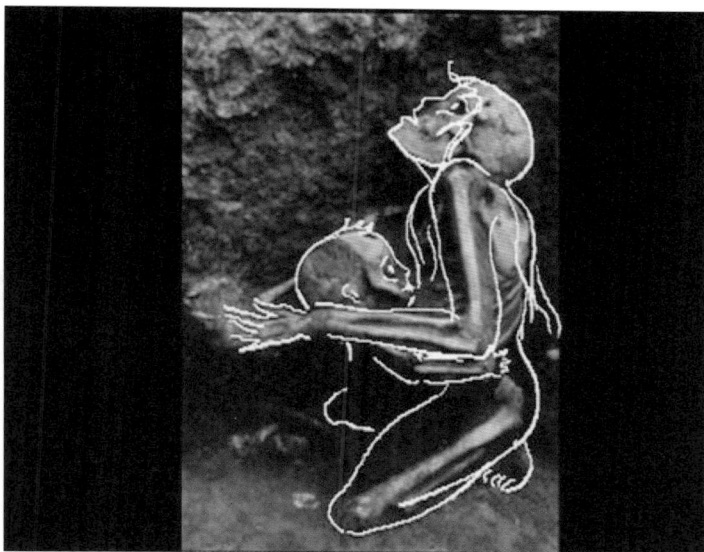

图 24　四千年前地震：青海民和喇家遗址

　　窑洞除了遭遇地震以外，在黄河边还会遭遇洪水，类似的堰塞湖带来了水灾，窑洞完全被洪水掩埋了。就像齐家文化在四千年前后兴起，大约在三千五六百年前后遭遇了一次灭顶之灾，那个时候没有人救他们，根据地震后的情况判断，震后还会有瘟疫和粮食短缺。一个史前社会，如果经不住自然灾害的考验，很有可能就在地图上被抹去了。喇家遗址说明，在黄河上游地区，四千年前曾经有辉煌灿烂的史前文化，族属一定和氐羌民族有关系。但值得庆幸的是这个地方所有的东西都完好地被天灾封存起来,考古工作者在这里发现了"世界第一碗面条",它还登上了 *Science* 杂志(见图 25)。面条不是小麦做的,是另一种粮食作物——糜子(又称黍)做的,这碗面条外形上跟今天吃的方便面没太大的区别。四千年前的中国西北人就已经在吃面条,物证俱在!

图 25 世界第一碗面条

距今四千年上下,情况又发生重大的变化。需要在此提示一下,要把西部最好的玉石资源向东部运输,顺便带进来贵金属、麦子、棉花。河西走廊的史前文化,在齐家文化之后发生的最大变化,就是骑着马的游牧民族来了,这一点具有非常深远的意义。在商代以前的中原遗址中,没有发现过一匹家马的骨头,可见马纯粹是外来的。如果问马是哪儿来的,大家看地图,西部草原地区。最好的良种马是大宛马,张骞出使西域时,汉

武帝看到大宛马,专门为外来马写诗,就叫《天马歌》。伴随着玉石从河西走廊传过来的更重要的东西是马,秦人统一中国,全部靠马拉车战,马这种东西对华夏文明的影响力,怎么强调都不为过。中原本来没有马,所以最早的马,被称作"龙",在《尔雅》这样的古书里面,告诉人们"马八尺为龙"。"天马行空""龙马精神"都是国人特有的神话化的话语叙述。所以形容这些文明最合适的用词,在今天看来是"神话历史"。

　　齐家文化在距今四千年前后崛起,还带来一个重要的文化变化,就是男女权力地位开始转变。有一个墓葬,在西宁到兰州高速路边的一个村子,柳湾彩陶博物馆就坐落在这个村子里面。曾有一个日本人路过,看到这么多文物在那里,实在不忍心,就捐了一笔钱,建起"柳湾彩陶博物馆"。这里出土了数万件彩陶,在该博物馆展出的只有五百件。距今五千年前西北的文化,礼器方面,玉器没有出现之前,全部都是陶器。这里的陶器上面有三种颜色的彩,甚至会绘上动物形的神像。柳湾彩陶博物馆展示的一座齐家文化的墓葬(见图26),非常能说明问题,一个男的躺在整木雕的棺材里面,旁边两位女性侧身向着他。这三个人到底是同时死亡的,还是女子为男子殉葬?不管怎么说,"男尊女卑"是可以看出来的。看来"男尊女卑"不是儒家的发明,四千年前的大西北就已经是这样了。

　　齐家文化合葬墓旁边都是陶罐,主要是围绕着人体的周围。齐家文化,距今四千年上下的一个地方王国,陶器的形制是一致的,从青海到宁夏南部,再到甘肃陇东,陶器形制都是一样的。2004年,甘肃广河县,就是齐家文化的命名地,县政府想

图 26　柳湾彩陶博物馆夫妇合葬墓

要发扬地方文化,把文物库房里面的东西摆一摆,建立一个展馆。这一摆就摆了一面墙,这是四千年前古人留下来的完整的陶器(见图 27)。坛坛罐罐非常容易打碎,但是一个县的库房里

图 27　齐家文化的陶器

面有那么多完整的陶器，说明当时此地人口众多，生活兴旺，真的是十分惊人的一幕。

中国一共有两千八百个县，四千年前有多少文化遗物啊，光是一个县的文化就够我们认识了！刚才说的青海柳湾博物馆出土数万件彩陶，全部在库房里面深锁着。因为日本友人出资有限，所以建起的村落中的小博物馆只展出了五百件精品，大部分还在箱子里面封存着。

中国史前文化的壮观程度，通过对尧舜圣王时代的大致回顾，我们把考察的目光从中原顺着黄河，先到河套地区，再到黄河上游的西北地区，这是一个全新的思考方向。我说的很多问题都出于一孔之见，仅提供给大家思考。

鲧禹治水

——中国洪水神话

钱 杭[①]

大禹是中国传说时代最著名的人物之一。几千年来，大禹和大禹事迹不断被传说、加工、定型，对中国历史产生了巨大的影响。为什么会有大禹传说？大禹传说有无真实的背景？大禹传说给现代人类留下了什么启示？本讲将从神话学、历史学、地理学、人类学、水利学角度入手，向大家介绍最新的研究成果。

鲧、禹，据说是父子两个。《鲧禹治水——中国洪水神话》，这个题目非常有意思，鲧、禹距离我们很远，但是它们的一些影

---

① 钱杭，历史学博士，上海师范大学人文与传播学院历史系教授，博士生导师。华东师范大学历史系兼职教授，博士生导师。国家重点研究基地中山大学历史人类学研究中心学术委员会委员，兼职研究员，中国社会史学会常务理事。长期研究中国社会史、宗族制度史、历史人类学、历史地理学。

子还留存在我们生活当中。所以,在21世纪讨论中国文化自信力的时候,用一定时间来了解这些形象,还是很有意思的。为什么我不说他们是人,待会儿会讲到。用"形象"这个词,会比较安全。二十世纪三十年代,鲁迅先生和古史辨派的顾颉刚先生就大禹究竟是人还是神,有过一段后果非常严重的讨论,变成了意气之争。又过了七八十年,我们对这个问题再展开讨论,主要是处于对中国传统的尊敬。

鲧,我们先不谈,先谈禹。禹在我们的习惯用语中经常出现,有大禹、夏禹、帝禹。按照司马迁《史记》的说法,他是夏代的开创者,所以被称为夏禹。夏肯定是存在的,但是首都究竟在哪里? 有什么具体的文字、遗迹? 现在历史学界并没有取得一致的结论,考古学界也觉得模模糊糊的,觉得"应该有首都",但是到底在哪儿,有待进一步考证。河南二里头遗址基本上可以说是夏代的,但是很难说等于夏代都城。随着国力强大,学术界对"夏"的注意力更加集中,我相信开发还会继续,因为大致区域已经划分出来了。帝禹也是禹,他当了夏朝开国帝王,这是司马迁《史记》里面确定了的。大禹的"大"同样也是"伟大"的意思,中国古代很多字是通的,比如说"大""太""泰",都表示伟大。大禹做出了伟大的事业,所以后世人称其为"大禹"。在古代,能够有一个"大""太",都是非同小可的,在现代汉语中也是如此。

由于他的伟大,后世的人们根据自己的想象和愿望,为这个伟大的人物创造了很多形象,包括图像、塑像等,把他可能经过的地方,都变为值得纪念的场所。就目前所知,距今四千年左右,人们就已经在纪念他了,到春秋战国时期,纪念他的历史古迹已经成规模了。现在我们还能看到一些关于禹的集中展现，比如浙江绍兴的大禹陵，它离我们很近，去起来非常方便。禹是中国传说时代最著名的人物之一，几千年来，大禹事迹不断被传颂、加工、定型，对中国历史产生了巨大的影响。为什么会有大禹传说？大禹传说有无真实的背景？大禹传说给现代人类留下什么启示？这三个问题，是我们今天需要解决的。很多是学术界共同的成果，有些是我的个人见解，不一定对，和各位一起分享，从神话学、历史学、地理学、人类学、水利学角度入手，谈一些自己的想法。这是传说时代的形象，很多历史早就被湮没了，现在不可能找到真正的答案，但是我们可以努力接近，这是我的基本态度，也是实事求是。

大禹的形象，我们现在可以找到很多，谁都没见过。以前顾颉刚先生说大禹就是一条虫，虽然引起了哄堂大笑，但是其实也有道理。后来大家觉得，既然他是皇帝，就应该有皇帝的样子，就出现了这样威风凛凛的帝王形象，可能是后世人用后来的伟大帝王，给古代的人物进行定型。这样的帽子，都是后代帝王才有的，这种形象，应该是汉朝以后的形象了（见图1）。

现在以大禹

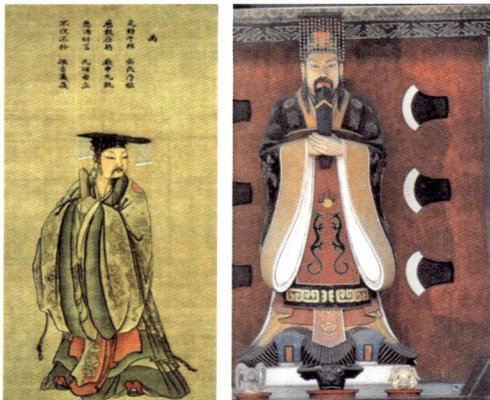

图1　大禹的形象

为主题的公园有很多,但是做得最好的是浙江绍兴。大禹到底如何定性？是把他往威风凛凛的皇帝身上靠,还是把他往我们能够理解的"治水"的形象来靠,这是有不同选择的。刚才给大家看的帝王形象,其实与《史记》当中大禹形象是不相符的。另一种平民化的大禹形象影响超过了帝王形象。平民地的大禹形象,手里拿着工具,登高一呼,好像指挥千军万马一样,你说他是皇帝,大概也可以,但是更接近平民,接近治水过程当中的首领,一个有号召力的组织者(见图2)。

图2 平民化的大禹形象

　　大禹的形象成为浙江绍兴的名片,这个可以追溯到春秋时代,在记述春秋战国时代的文献《吴越春秋》中可以看到大禹形象,在浙江绍兴一代深入人心。我们不知道大禹时代的人们是怎么看待大禹的,但是我们知道,战国时代的人们是怎么看待他的,这个就是当年顾颉刚先生古史辨的说法。他说:"我们没有办法知道夏商周时代的历史,但是我们可以知道春秋战国时代人们脑子里面的夏商周。"所有这些建筑,按照《吴越春秋》的记载,在春秋战国时代已经有了,当然,规模、精致程度肯定没有现在这么好,但大概就是在原地建立的,说明春秋战国时代,大禹的形象非常稳定(见图 3)。

　　这种牌坊式的建筑物出现得要晚一些,基本可以认为是从宋元时代开始的(见图 4)。把大禹埋葬地称为"陵墓","陵"这个字,战国中期以后指帝王的坟墓,但是在比较早的时候,陵和水相对应,就是代表陆地,代表山,并没有特别指向皇帝。把大禹的埋葬地称为陵,和大禹时期的人是没有关系的,是后代人添加的。通过大禹的形象,我们可以感觉到人们都愿意把大禹看作人,不太想把他看作神。神应该是可以飞天的,但是大禹始终是接地气、站在陆地上的。中国神话系统中,陆地的神和在天上的神属于一个系统,在地底下最多的不是神,是鬼,比如地狱的故事。但是没有一个神话系统中出现过大禹的形象。中国古代两大神话系统,一个是昆仑神话系统,一个是蓬莱神话系统,都没有大禹,说明古代人们还是愿意把他看作是一个人。但是,这个人可不是一般的人!

图3 纪念大禹的建筑

图4　牌坊式建筑

　　大禹到了这个地方,开始挖井,勤勤恳恳准备安定下来。
走南闯北的他似乎已经非常疲倦,想要找一个安身立命的地
方,所以就去挖井,有了井之后,逐渐发展为市镇。这是绍兴的
大禹雕像(见图5),从中可以看出,民间想象逐渐稳定下来,认
为大禹不是皇帝,尽管皇帝形象非常多,而且很容易被人承认,

图 5　大禹的雕像

我们把大禹讲成皇帝，没有人会反对。但是随着时间的推移，人们更倾向于把大禹从皇宫里引到日常生活中来，普通人可以理解、接近的人，不是头上戴着帽子，高高在上的帝王，而是一个接近平民的、了不起的组织者形象。虽然大禹的皇帝形象同时还是存在，但是给印象最深、最值得讨论、给我们留下最深刻启示的还是其平民形象。

　　我有一次在浙江萧山做讲座，我和他们提到了自己的想法，在绍兴大禹陵，每年都要举办各级政府的纪念仪式，主要是省、市两级的纪念，规模非常大，省长、市长、县长都上去致辞，词都是格式化的，穿的都是龙黄色的袍子。我认为，这种通过祭奠，把大禹往帝王形象上靠扰的做法可能是有问题的。我建议，把大禹往平民身上引，往一个平常人可以理解、他的行为我们可以效仿的路子上引，这可能是大禹给我们留下来的最重要

175

的启发。作为社会组织者，我们应该把握文化引导的方向，我们应该怎么样理解古代的形象，这当中存在价值上的判断。

所以，当我们看这些形象，一定会出现这样的疑问，大禹究竟是人还是神呢？人当中，到底是平民，是一个活动的组织者，还是高高在上的帝王呢？帝王是最接近神的，他深藏不露，不会喜形于色，他的所作所为高深莫测。这个形象像不像大禹？是不是人们把他称为"伟大"的内涵呢？也许有人会说他兼神兼人，神人兼备，这是一个很模糊的回答。但是兼神兼人，兼具了神和人的什么内容？这当中的比例又是怎么样？我们讨论上古的人物时，都会有这样的想法。比如，完全以神话形式出现的孙悟空、猪八戒，神话小说当中的神话形象也存在神人问题。嫦娥奔月的神话，人们倾向于从人能够理解的细节，来对她的行为作出推断。大凡神话，都离不开怎么样理解神，如何理解他的行为。正如马克思说，神是人的创造。

人形神迹，这也是一个普遍的回答。人形神迹可以理解为一个神话中的人物，他完全是神的形象，甚至还有非生物的形象，但是他做的事情我们都是可以理解的。大禹接近人的形象，但做的事情是非一般人可以做出来的，所以说他是人形神迹，这是理解大禹这样的兼人兼神的形象的一套逻辑。还有一种说法认为他是高于人的神，接近神的人，高于一般人能够做到的行为，称之为神，最接近神，也就是我们想象当中的神，他肯定不是一般的人。他是人，做的事情却非常接近神做的事情。日常生活中也有这样的比喻，例如，我们看到大自然的奇妙，我们就说鬼斧神工，是神创造出来的。有些人记忆力很好，我有一个朋友,任何人告诉他一个地名,他能够马上说出这个地方周围的风景,食物、语言的特征,我们觉得这非常了不起,这些信息我们拿着字典都找不到,我们就会说这个人的记忆通神了。我们总会把超过一般人达到的水准,和神相联系。大禹之"大",也和这个一样。符合人性的神,具有神性的人,也就是这个意思。我们讲人性,就是人普遍都有的喜怒哀乐。大禹的形象,符合人性的基本要求,但是也超越了普通人性。大禹做的事情,肯定是人做的,但是超越一般的人会达到的程度。

所以,大禹究竟是人还是神,这个问号我们不简单做判断。我们无法直接肯定,大禹是人,或者六禹是神。或许有朋友觉得这样的回答模棱两可,但这就是神话研究、传说研究。任何一个关于大禹是人还是神的肯定判断,都要面临以下不同角度的质疑。

大禹人形神迹,是因为历史上大家找到了一些证据。大禹怎么写字,大家不知道,但是据说传下来了一套大禹所写的字(见图6)。我想,大禹那个时候没有文字,怎么表达自己的意思,我们不知道。但是几千年后,人们找到了这样的字,认为它是大禹写的字,这非常符合兼神兼人的想象。这便成为禹迹,刻着禹迹的石碑称为禹迹碑。在我国好几个地方出现了这样的石碑。这是出现在湖南衡山的石碑,禹王碑上面的字我们认不出来。有人去认,有的时候很接近,有的时候需要猜。我们这个时代,谁都没有见过大禹,没有人能够说自己了解大禹写的字,因为当时到底有没有字,字是什么样子,我们都不知道。

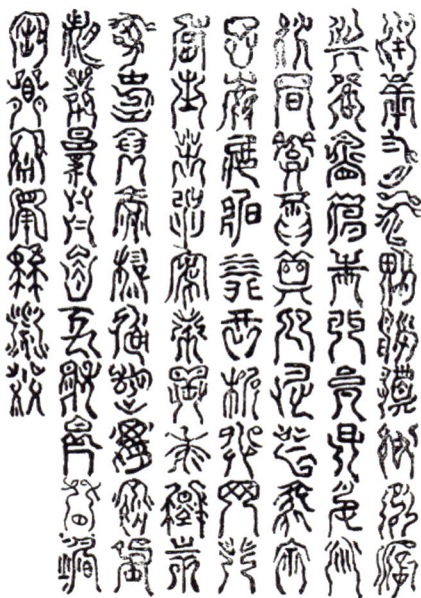

图 6　大禹的笔迹

　　《禹碑》又称《神禹碑》或《岣嵝碑》，传说为大禹治水时所
刻。碑石原在南岳衡山之祝融峰上，因衡山又称岣嵝山，故此
碑亦称《岣嵝碑》。现岳麓山上存有一处《禹碑》刻石，相传为南
宋人何致刻下来的。南宋人为什么要把大禹的字刻下来呢？
这和整个宋朝的文字相关，宋朝特别注重恢复夏商周三代的传
统，这和宋代面临北方少数民族入侵、文化危机相关，整个宋
朝，都在和外族进行战争。到了南宋，为了恢复中原地区传统
中华文化，用了大量心血，对古代遗迹不遗余力地发掘、保护、
大力弘扬。中国古代，凡是要弘扬传统文化，要么是国力最强
盛的时候，要么是国力最衰微的时候。宋代在中国历史上，并

不是最贫弱的,但是文化自信亟待增强,所以他们对古代的东西进行大量保护,也因此出现了大量的伪作,宋代人作伪是有名的。这是南宋人对大禹文字进行考证的文献的一部分残卷,现保留在故宫博物院,全文已经找不到了。

证明大禹是人最重要的证据就是刚才看到的大禹笔迹,其他的都是文献记载。而文献记载主要的观点就是大禹就是兼神兼人,他说着普通人的语言,做着普通人做不到的事情,这是有关大禹文献记载的基本内容。从周代开始,距今三千年,人们在各种类型的可以记载文字的载体上记录了关于大禹的事情,保存下来最多的是在青铜器上,因为保存长久。这是西周末年的遂公盨铭文拓片,这个拓片上面提到了大禹的事迹(见图7)。

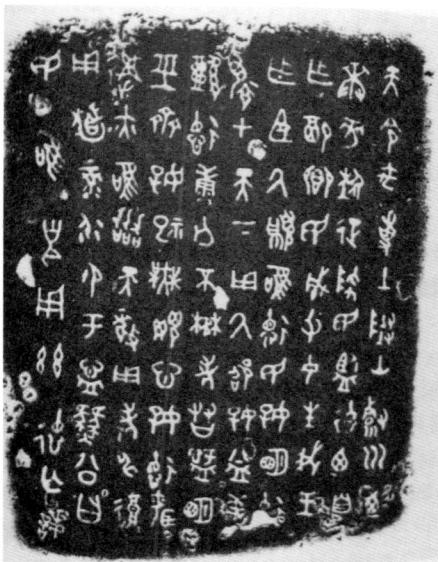

图7　遂公盨铭文拓片

　　李学勤先生认为，遂公盨铭文所言"天命禹敷土，随（堕）山浚川"，说的就是夏禹治水，说明大禹受命治水，功不可没，泽及当世，传颂万代。遂公盨铭文的发现，将大禹治水的文献记载提早了六七百年，一般大家认为在春秋、战国时代，才开始有关于大禹的传说，之前没有。但是随着青铜器的发现，大家发现了比传世文献早得多的记载，这是目前所知年代最早也最为详实的关于大禹的文字记录，表明早在两千九百年前人们就广泛传颂大禹的功绩。大禹虽然做的事情超过了普通人的事情，但是他治水这件事本身肯定是有的，神话不是凭空虚造的，不是后代人完全凭借想象造出来的。嫦娥奔月的故事，我们不能说汉代已经奔月了，我们只能说后世有一个往天上飞的愿望，然后创造了一些能够在天上飞的神仙，这就是后世的人根据后世的愿望进行想象的结果。但是大禹治水不是后世人想象的，而是当时就已经发生的事情。为什么大禹时代人们不记录呢？因为没有办法记录，没有找到记录的办法，但是可能有些其他的办法，但是现在不知道。我们现在知道的，就是周代人们已经记载下了大禹治水的故事，中间还有很长时间的空白，有待其他办法去弥补。

　　《诗经·长发》是宋君祭祀汤及先王的乐歌，当中提到"浚哲维商，长发其祥。洪水芒芒，禹敷下土方。外大国是疆，幅陨既长。有娀方将，帝立子生商。"这一段诗句是所有研究大禹故事必定要提到的，这解释了大禹治水的背景是大洪水爆发，把大自然的变化，与大禹的伟大功绩联系起来，有了大的背景。《史记·夏本纪》中，司马迁根据当时得到的传说，虽然他没有

看过大禹时代的文献,但是有口口相传的传说,司马迁根据这个传说,非常系统地创造了夏本纪。在夏本纪当中,大禹有姓有名,可以看到大禹的父亲、祖父是谁,完全把大禹当作普通的人描绘。他的行为特点、性格特征,治水的来龙去脉,在这篇文献中都讲到了。随着后面人们的不断理解,又补充了一些资料,大禹的生平故事不断被完善。这是人的历史,是帝王和普通人结合的历史。

文献中提到大禹当了天子,"南面朝天下,国号曰夏后,姓姒氏。"因为他当了夏朝的开国皇帝之后才有这个姓。为什么叫文命?后代人有很多解释,是条纹的纹,又附会了很多,这其实并不可信,因为看相的人本事很大,他们会越看越像,说早就看出来他是了不起的人物了。《史记》展开的故事都是大禹当了皇帝以后,做了些什么事情,给我们留下最深刻的印象是,大禹不是个喜欢安定的人,而是一个多动、喜欢到处玩、到处走的人。他把他的皇位传给了他的儿子,这也是普通皇帝会做的事情,看不出他是神。这也是历代学者研究人和神的历史,是神话创作的重要环节,神话故事背后的历史背景,是理解神性的伟大、理解人性局限非常重要的一环。面对大洪水,大禹做出的事情,这是大禹传说的核心内容,也是我们理解他最关键的要点。"洪水芒芒,禹敷下土方。""敷"可以解释为离开、分散,土,土地、立足点,方,方位。面对洪水,大禹的行为特征是和土有关。"当尧之时,天下犹未平,洪水横流,泛滥于天下。"在大禹之前就发大水,而且是横流,没有范围地到处泛滥,整个天下一片灾难。"舜之时,共工振滔洪水,以薄空桑。"共工是当时的一个兼神兼人的形象,根据文献记载可以知道他在大禹之前也曾治理洪水。《庄子·秋水篇》说道"禹之时,十年九潦。"讲到了大禹的时候,每年都要发大水。"禹七年水",也证明了洪水在大禹前后时期是非常严重的。

青铜器是保存时间最长的一种载体,上海图书馆藏战国时代的一大批竹简,是当年从香港获得的,非常宝贵,当然关于其中的一些内容,学术界还有不同的看法。其中几种重要的文献,我们还是有共同意见的。这一篇是《容成氏》,已发表五十三枚,是记载中国古代帝王事迹和战国时代的实物依据。在这五十三枚竹简当中,记载内容最丰富的就是关于大禹的事迹(见图8)。战国楚简的内容表明,大禹的事迹早已成为普遍的知识。当然,以前的知识主要掌握在宫廷、贵族、大官僚手里,

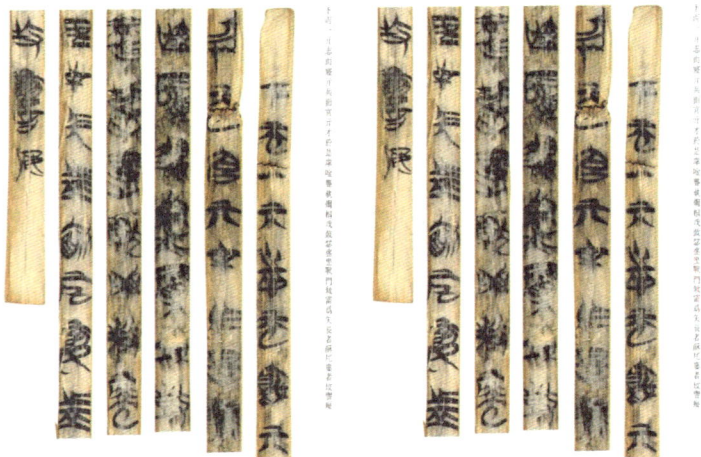

图8　上海博物馆藏战国楚简《容成氏》(部分)

民间如何保存，我们不太清楚。通过《容成氏》的竹简，我们可以发现《史记》当中关于大禹的知识，早就成为中上层社会普遍的知识，不是秘密。人只会在记载的逻辑上偏向神多一点，还是偏向人多一点上面有疑问，但是这件事情本身的客观性。是没有疑问的。

《容成氏》能够保存到这个程度，是非常了不起的。竹简保存是很大的学问，复原可以到一定程度，但是不能保证每一次复原都成功。《容成氏》保存至今说明当时保存技术很高。这些竹简保存到现在，字迹非常清楚，而且墨迹的配方都很讲究。但是其实也有偶然性，原来一直以为越干燥，保存越久。后来，各种春秋战国的墓葬发掘可以看出，潮湿、水分是保存古代文献非常重要的条件。据说是用了一种药水，虽然这个药水的配方和比例，现代科学家可以复原，但是保存的试验品并不理想。又比如在兵马俑附近找到的那枚非常锋利的箭头，现在还可以削梨。有检测说是电镀技术，铬是草木灰淬火的结果，我们可以在实验室复原，但是秦始皇时代是如何操作这样的工艺？这样的工艺在当时已接近批量生产，秦国武器十分锋利。春秋时代的这些文物的保存，在国内高校是一个很受人注意的话题，浙江大学在这方面做得很好，参与者有工程物理、人类学、微生物领域的专家。

《容成氏》当中讲的故事都是司马迁之前的文字内容，我们可以相信关于大禹治水一定还有其他的记载方式，只是我们现在还未找到。《容成氏》中最重要的内容就是治水，没有治水的细节，但是有对治水成果的描述。我们希望多了解治水的细节,可惜那个时候,至少这篇文献还没有提到这么多细节。那个时候,只谈大的、宏观的。其中有一些内容可以理解为工程技术方面的主要方法,比如说开掘、屏障。屏障明都大泽,开掘九条大河,使兖州、徐州可供人居住;疏通淮河和沂水,使之流入大海,使青州、莒州可供人居住;疏通了呕夷与易水,使之流入大海,使并州可供人居住;疏通三江五湖,东注大海,使荆州、扬州可供人居住;疏通伊、洛二水,合并瀍、涧二流,使之东注黄河,使豫州可供人居住;疏通泾、渭二水,使之北注黄河,使雍州可供人居住。这些就成了后世人们理解大禹治水办法的重要提示。

大禹治水,确实无疑。大禹传说为什么会与治水联系在一起呢?是因为洪水芒芒,这一点,我们已经很清楚了。后来,一部分历史学家认为大禹是一条虫,也和水有关。大禹的伟大,和他治水的成果有关。那人神传说的背后有怎样的历史背景?洪水到底是怎么回事?有没有可能用现代自然科学来恢复呢?这是有可能的!地球科学家的研究成果证明,地球第四季冰期结束之后,在距今 1.3 万年至 1.05 万年之间,进入冰后期。在距今 7000 至 6500 年前,冰盖融化后导致海平面比今天高出 2 到 4 米,海平面上升的过程就形成了"海侵",地球进入了一个"海进期"。包括埃及、巴比伦、希腊、北美在内的大片地区,都受到洪水的侵袭。这可以证明在那个时期,整个地球都面临大洪水。所以洪水芒芒,不是诗人的文学创作,而是对一段遥远的历史的大致肯定的印象,不是通过文字,而是通过人们一代代的记忆,并且用比较夸张的语言表达出来的。洪水芒芒是一个真实的历史时期。

文艺复兴时期，著名的画家米开朗基罗《大洪水》，根据圣经故事创作，保留了西方世界对大洪水的记忆（见图 9）。我们

图 9　大洪水的场景

现在的文明史不过是一两万年,整个人类历史,按照人类学家的推断,可以上溯到六百万年前,在洪水来临之前,人类已经有了几百万年的发展历史。在这之前,人类没有面对洪水的经验。因此人们面对洪水惊慌失措是必然的。这个景象,就是逃难的景象。根据《圣经》记载,上帝命令诺亚把每种动物带两只到船上逃难,这就是诺亚方舟的故事,每一样动物只能带两只,一公一母,准备逃难。面对这种类型的洪水,海平面上升 2 到 4 米,是什么概念啊!我们知道现代气候变暖,随着北极冰盖的融化,海平面将要上升一米。海平面上升,导致地球物理性质的变化,海啸、地震,接二连三,所以《圣经》中描写的是真实存在的景象。上帝看到了大洪水,找到了大善人诺亚,教给他们避难的方法。从那时起,诺亚一家就开始打造方舟,造了一百二十年,当洪水到来的时候,诺亚一家八口,上了方舟,每一种动物带了两只,首先活了下来,然后,生存繁衍。诺亚方舟,一条船,救了八口之家。这是一个故事,我们很难说它是真的,但是谁能够断定它就是假的呢?在中国所处的东亚地区,距今一万年前到四千多年前的六千年间,一共发生了五次大规模的洪水,这是考古学家、地球物理学家证明的,最后一次发生在距今四千七百年到四千年期间,相当于尧舜禹时代。证据是我们从高山的某一层面,发现了应该属于海水的东西,我们就知道那里曾经是大海。

这次洪灾大约结束于四千二百年前到四千年前,正好就是大禹时代(见图 10)。我们看夏商周正式经过确定的纪年,是距今四千多年。这个判断是从现代地球科学的角度,证实了大禹

公元前	夏	
2070	禹 启 太康 仲康 相	禹子 启子 太康弟 仲康子
	少康 予 槐 芒 泄	相子 少康子 予子 槐子 芒子
	不降 扃 廑 孔甲 皋	泄子 不降弟 扃子 不降子 孔甲子
1600	发 癸(桀)	皋子 发子,一说发弟

图 10　夏纪年表

时代确实有大洪水。

　　中国的传说中,没有诺亚方舟,但是我们有什么呢? 我们看看现在"船"这个字,能够想象到什么呢? 一个"舟",边上不也是"八、口"吗? 这是我们历史学的研究方法,晚晴著名政治家、外交家张之洞有一段关于怎么研究中国传统文化的方法的论述:"由小学入经学者,其经学可信;由经学入史学者,其史学可信。"小学就是怎么认字,讲字形字体、训诂,经学是伦理规范。我告诉同学,一定要学会认字,有的时候认字就能有所联想启发。一个船,边上也是八口人。我们不能说中国也有诺亚方舟的传说,但是反过来,我们可以说《圣经》中的诺亚方舟八口人,真的就是虚构的吗?具体的结论我们不敢下,但是这是个挺有意思的巧合。一个船,一个舟上面有一些人口,有一些可以繁衍的动物,这些都是可以想象的。最大的提示就是面对大洪水,要逃难,一定不是自己一个人走。现在美国电影很多都讲到了荒岛,一定要合作,要繁衍下去。我想,大禹那个时候,包括他的祖先面对的就是大洪水,该怎么办?

于是,进入到古史的一个假定,也就是禹和黄帝、炎帝、少皞、共工、尧、舜等一样,都是著名的上古"传说时期"人物。近代以来的古史研究者一般认定他们是原始社会后期的部落集团首领,或称为"酋长",或"部落之共主"。也就是说,他不一定是一个单独的人,可能是一群人的首领。他是首领,但是,很可能是一个名号。黄帝带着一群人进行活动,他们的首领被称为首领,他去世了,后面的人也可以称为黄帝。所以黄帝传说有几百年、上千年,只是一个人怎么可能?大禹也是一样,我们见到的这些人的年龄都有几百岁。宋朝人特别计算过,一个古代人物怎么能够活五百年、七百年呢?怎么解释比较合理呢?他们做出了一整套方案,比如有名的欧阳修,就特别喜欢这样计算。其实不用计算,如果是七百年,说明传说延伸了七百年,期间的首领都称为这个名字。大禹算一算也有一百多岁了。传说时代的许多人名,往往兼有个人与部落集团的双重性质。有些人在传说中的寿命远超人类的极限,甚至跨越了好几个历史时代,显然成了神话。只有把这些人名看作是某一部落集团的标志,才会比较接近事实。因此,文献上的黄帝、炎帝、少皞、共

工、尧、舜、禹等等人名,不能仅仅理解为个人,而应看成是由这些人或这些人的继承者率领的部落集团。

夏朝统治的中心处于中原的皖西、豫西和晋南地区(见图11),主要是在中国中部地区,然而统治的中心区并不等于活动的范围,夏人的足迹遍布整个中华大地。受海侵、海退大势直接或间接影响的,主要是东南沿海以及这一地区的外流河流域,所以,大禹治水的区域也与此相对应,至于大禹本人是否真的到过那些地方则并不重要。传说中大禹治水的范畴是九州三川,是几条大的外流河。在不断累积的传说过程中,上古时代的著名人物及其部落集团,一定会在某些时候与浙江东南沿海地区

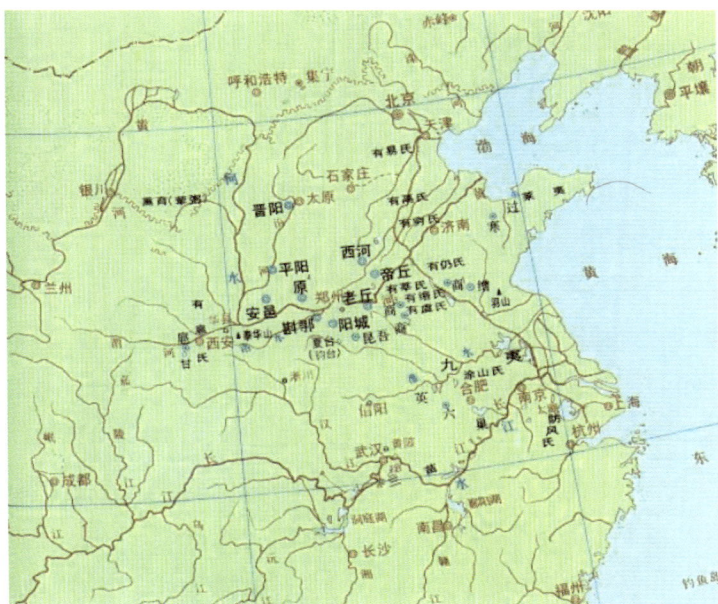

图11　夏代地图

发生关联,其中最引人关注的就是大禹。大禹在传说中到了东南沿海,这是可能的。涉及太湖流域和江浙沿海地区的有鄱阳湖、三江。"沿于江海,达于淮、泗。""东渐于海,西被于流沙,朔、南暨,声教讫于四海。"再次强调,这是以大禹为代表的整个部落集团,顺着水走,根据治水的路径在行动。河流到哪里,他们的足迹就到哪里,并不一定要落实到某一个人。三国时期江苏丹阳人韦昭说大禹到过浦阳江;南宋时的《嘉泰会稽志》引《旧经》说"禹疏了溪,人方宅土"等等,都是传说在文献中留下痕迹。古代学者紧扣吴、越范围对"三江"的解释,不一定准确,但大禹、大禹后裔及其部落集团,或为治水、或为避难,曾到过浙江宁绍一带应该是有可能的。后世文献如战国时的《越绝书》说"大越海滨之民,独以鸟田……曰:禹始也"。"鸟田"与"象耕"并语,"田"读作"佃",与"耕"同义,应作动词解。王充《论衡·书虚》说:"象为之耕……鸟为之田"。

　　海进期中,亚洲大陆的许多地方都沉入海底,中国东南沿海的宁绍平原一带成了一片浅海。这个现在可以用一种技术,查出历史上这个地区的沉积情况,是不是海,有多深,上海地区也可以这样勘测。所以,我推测大禹治水如果要取得成功,不会在洪水高峰期(海进期)进行,只能在洪水消退期,也就是海退期进行的。海进海退有的时候是几百年,有的时候是几十年。所以,可能大禹正好处在海退期的前端,土地慢慢露出来了。海退之后,浙江沿海地区有了陆地、河湖、沼泽、山岭,那里的人类就有了生存的机会和活动的空间。遍布宁绍平原各地的"禹迹",就是为了纪念大禹、大禹后裔及其部落集团在这一

鲧禹治水

龙飞凤舞

茶棕茶器

农黄祖先

天地日月

造人创世

背景下的积极作为。虽然没有具体的科学证明，但是我们可以
从文献看到，大禹是在沼泽地里教农民种庄稼，调整盐碱度，这
些都十分符合当时的场景。

《史记·夏本纪》记载了其中一些重要内容："陆行乘车，水
行乘船，泥行乘橇，山行乘檋。左准绳，右规矩，载四时，以开九
州，通九道，陂九泽，度九山。令益予众庶稻，可种卑湿。命后
稷予众庶难得之食。食少，调有余相给，以均诸侯。禹乃行相
地宜所有以贡，及山川之便利。"各种自然景象都出现了，洪水
时期一片汪洋，只能逃难。大禹的基本原则是因地制宜。所
以，我感觉我们对大禹的理解，应该放在海进、海退的考虑之中
（见图 12）。

人同此心，心同此理。有关大禹的研究认为，面对大洪水，

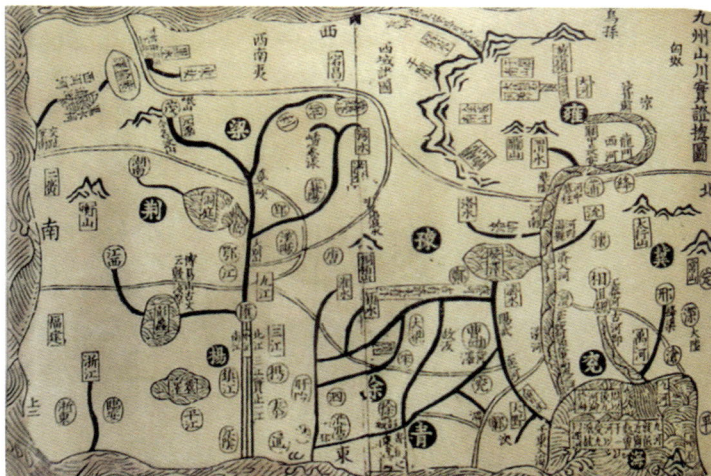

图 12　九州山川图

西方人和中国人的态度是不一样的,中国人是主动治理,西方人是被动逃难。但是,事实是否真的如此呢? 西方治理大自然的历史还短吗? 所以,我有一个猜测,面对大洪水,大禹之前的先辈们都在不停地筑造堤坝,这个其实是得不偿失的,这个时候应该逃难,或者叫撤退。人类面对大洪水的选择,应该首先是上山。所以大禹有那么多开疆拓土的记录,低的地方住不下去,那就去高地。东南沿海可以看到很多新石器时代的遗址,这都是在大洪水期间被淹没的。那里面的人难道坐以待毙吗? 绝对不会! 如果我们了解一点古代神话,就可以联想到他们可能就是看到海水涨了,抵挡不住,就撤退进入了山林。人类的选择有这样的路径,沿海到中原,到内地,到山区,这是人类一万年来的开发路径,这很可能和大洪水历史有关。所以,什么地方的人,是山民、农民、居民,都是历史形成的结果,而不一定是他们所希望成为的人。现在成为少数人口民族的人,他们的历史也有这样的迁移,他们被一些更强大的族群慢慢赶去现在生存的地方,这是生存的需求,而不是个人意志的体现,人类学的视野就展现在这里。

海退以后,需要各种应对办法。大禹教会人们重要的生存技术,就是在低洼"卑湿"地上播种的稻谷,即便还不能说就是现代的"水稻",但至少已不是新石器时期的"陆稻"。具体的种植细节当然已被忽略,但"种"稻的事实却留下了。这也是大禹故事留给人们的想象和创作。

大禹娶妻,涂山之女,我认为,这也是大禹避难的过程。他娶妻是在涂山,各地都有涂山,河南、安徽、四川、浙江等处都有俗称涂山的地方，今萧山进化镇也有涂山，海拔 335.8 米，山高坡陡，易发洪水。他们去山上生活，很可能是为了逃难。最能激起居住在宁绍平原一带的人民对大禹深厚感恩之情的，是《史记·夏本纪》中的如下记载："帝禹东巡狩，至于会稽而崩。"巡狩是帝王到处巡查，其实也就是撤退。避难、撤退，是非常明智的。会稽虽然并不一定就是指绍兴，但也可能就是绍兴。其实，舜、禹不一定非指实际存在的某一个人，一位上古的能治水者"巡狩"至"会稽而崩"，也在情理之中。只要事迹相同或略同，无论是谁，都能成为后人眼中和心中的尊神，何况大禹？与大禹逝世相关的是绍兴的窆石亭，这块石头，据说就是大禹时代的石头，他埋葬在这里，压一块石头（见图 13）。以石头为标

图 13 大禹下葬时的窆石

志、象征，中国古代人们特别喜欢用宝塔的石头，纪念某个伟人，据说和男性生殖崇拜相关。

古代说大禹到山林的故事，都和大洪水的故事相关。我们可以从大禹治水的传说中获得很多启示，我们现在一般能够理解的，大约有这么几点。

第一，是准确认识水势、水情，不能蛮干，大禹的成功与他相对准确认识水势有关。水火无情，容不得犹豫，该放弃就要放弃，留得青山在，不愁没柴烧。所以，面对洪水，保护人们的生命财产是最重要的。由于水患灾害来势凶猛、突然，如果有人能大致认识水势、水情，并带领周围人及时避难，尽力减少生命损失，当然就会受到人们推崇，并在传说中把他们及其部落集团逐渐神化。大禹就是其中最主要的一位代表，在上古传说中，他的功绩都是治水、敷土和耕稼，与大禹有关的其他故事，诸如"征有苗""合诸侯""画九州"等等，也都直接或间接与治水、敷土有关。赢得了时间，保护了生命，这是最重要的。

第二，正确选择工程方案。保护生命之后要治理，也要选择方案。古代传说高度评价大禹的治水技术，并把大禹与此前负责治水的共工和鲧的业绩做了对比，认为他的选择十分高明。"昔共工……欲壅防百川，堕高埋卑，以害天下。皇天弗福，庶民弗助，祸乱并兴，共工用灭。其在有虞，有崇伯鲧，播其淫心，称遂共工之过，尧用殛之于羽山。其后伯禹念前之非度，厘改制量，……高高下下，疏川导滞。"好像共工和鲧采取的"壅防"工程都遭到失败，只有大禹能吸取教训，改"壅防"为"疏导"，终于取得成功。事实上，同在原始条件下，各个部落能够

采取的治水技术并不会有太大的区别,面对滔天洪水,只能以建坝造堤为主,疏通分流为辅。就技术本身而言,只要因地制宜,因势利导,根据实际的地势和水情,或并用诸法,或选用一法,"壅防百川,堕高堙卑"与"高高下下,疏川导滞",都会有特定的功效。后人营建水库时,就是用了与"疏川导滞"不同的"壅防百川,堕高堙卑"的拦阻法。所以《左传》昭公十七年郯子说"共工氏以水纪,故为水师而水名";《礼记·祭法》也说"共工氏之霸九州也,其子曰后土,能平九州",都肯定了共工及其部落集团在治水上取得了与大禹不相上下的功劳。如果违反海进海退的自然规律,即便是大禹亲自上阵,也无济于事。《淮南子·主术训》说:"禹决江疏河,以为天下兴利,而不能使水西流。"对大禹治水的具体方法不必过于在意,而且也无法落实。大禹的成功在于海退,使得"疏导"有了成功的客观条件;鲧的失败或失误,在于逆水势而动,面对海进,"壅防"没有成功的可能。如果在海进的阶段,是无法建立堤坝的。投入了心思和成本,但是成功与否不取决于人工的努力。即便在现在,用非常先进的技术,去保护长江大堤,也不容易啊!

第三,地位和神性源于品德功业。大禹之所以成为大禹,源于他的品德和功业。第一是"三过家门而不入"的大局观念,"愚公移山"的奋斗精神,据说大禹和愚公可以联系起来,但是我们不做太多考证,他们的奋斗精神是可以贯穿的。"十三年功成"的现实成果,大禹治水取得了成功,这也可以证明,在当时的工程条件下,十三年能够成的大业,工程量不会太大,或者换句话说,只有通过决口、疏导,才能取得这么大的功绩,如果要造大坝，三十年也不行啊！

总之，大禹以及大禹传说，给我们留下了非常丰富的历史内容，还有我们现在能够解读的现实内容，很多故事现在我们还在传说，他的形象我们现在还在塑造。人类到现在发展了这么长时间，有文字的历史到现在也有三千多年，像大禹这样在治水上做出伟大功绩的人不止一个，但是我们能够记住的，能够用这样的规格来纪念的，毕竟也只有大禹一个。因此，我们现在土地的安宁，是有大禹的一份功劳在，有以大禹为代表的整个族群的共同努力在，我们现在纪念他，今后我们还会纪念他！